KB253846

민간투자법제 연구

-실시협약의 법적 성질 및 쟁송을 중심으로-

민간투자법제 연구

-실시협약의 법적 성질 및 쟁송을 중심으로-

A study on the act on public-private partnerships

尹 成 喆

2006년 현재 우리나라의 경제발전의 정도와 이에 따른 정부의 재정정책의 내용 및 방향에 비추어 볼 때 민간투자사업의 확대는 현 재정상황에 비추어 볼 때 불가피하다고 판단된다. 전통적으로 민간투자사업이 발달한 영국, 호주, 일본, 미국 등의 선진국의 경우에 비추어 볼 때 우리나라가 종래 BTO 방식의 대규모 사회간접자본시설 중심의 민간투자사업 위주에서 결국 민간의 창의와 효율을 도모할 수 있는 여러 부문 즉 사회간접자본시설에서 소규모 단위사업으로 확장될 것이 예상된다. 특히 현재 정부의 교육복지부분에 대한 예산의 한계 및 시설의 조기확충의 필요성으로 인하여 민간투자사업은 현 정부뿐만이 아니라 그 이후의 정권에도 지속적으로 요구되는 사업이라는 인식이 공감하고 있는 듯하다.

아무튼 이러한 배경하에 2005년도 1월 27일 자에 종래 "사회간접자본시설에대한민간투자법"의 법명을 "사회기반시설에대한민간투자법"으로 변경하고 민간투자사업의 범위를 확대하면서 소위" BTL 민간투자사업"을 도입하면서 법률을 정비하였다.

이와 관련하여 "사회기반시설에대한민간투자법"으로 법명을 변경한 이유를 추측해보면 '사회기반시설'이라는 법상의 용어는 현재 국토의 계획 및 이용에 관한 법률에서 사용하고 있는 공공시설의 개념을 포괄하는 용어로서 민간투자 사업의 확대에 기인하여 그 포괄성을 담보하려는 데 있다고 보인다. 이러한 민간투자사업의 대상에 대한 명칭 변경의 취지와 배경은 충분히 이해할 수 있다. 그러나 민간투자사업의 대상에 대한 논의를 학문적으로 접근해 본다면 그 대상에 대하여 "공공시설"이라는 개념이 그 범주로서 논의의 대상이 됨을 알 수 있다. 즉 민간투자대상은 본래 물적 시설만을 대상으로 하는 것이므로 법인격주체성을 본질로 하는 강학상의 영조물의 개념과 다르고 또한 강학상 공물의 범주에서 자연공물을 제외한 인공공물만 해당하므로 결국 민간투자의 대상은 '사회간접자본시설 내지 사회기반시설을 포함하는 개념으로서의 공공시설'(les infrastructures et les quipements publics)이 그 대상이라고 할 수 있다. 참고로 프랑스에서도 민간투자제도를 "partenariat public-priv dans les infrastructures et quipments publics"이라고 용어정의를 하고 있다.

실무에서는 2005년도와 2006년도 현재 많은 BTL 민간투자사업에 대한 시설사업기본계획(RFP)이 고시되어 진행되고 있다. 이에 대하여 일부 종래 민간투자제도의 운영에 대한 실패사례를 들어 반대하는 목소리도 적지 않다. 특히 종래 BTO 민간투자사업의 최소운영수입보장약정(소위 MRG)으로 인하여 민간투자사업은 "국민의 혈세낭비를 가져오고 사업자 배만 불리는 사업"이라는 비판이 바로 그것이다. 그러나 제도적인 운영에 있어서 일부 문제점을 가지고 제도 자체의 부정을 하는 것은 옳은 태도는 아니라고 본다. 민간투자사업은 기본적으로 정부재정사업과 달리 민간의 창의와 효율에 바탕을 둔 민간자본에 의한 공공시설의 확충이라는 의의를 가지고 있다고 볼 때 그 제도적 취지와 의의는 굳이 서구의 모범적인 사례를 거론하지 않더라도 부정할 수 없다고 본다. 이러한 부정적인 목소리를 반영하듯 정부도 2006년 민간투자사업기본계획에서는 민간제안사업의 경우 운용수익보장제도를 폐지하고, 정부고시사업에 있어서도 이를 축소하여 보장기간을 10년으로 단축하고, 90%를 상한으로 하여 5년 경과 시 10%를 축소하는 등의 조치를 취하고 운영에 수정을 가하고 있다.

이 책은 필자가 2004년 12월 말까지 민간투자사업에 대하여 특히 실시협약의 법적 성질과 쟁송형태를 중심으로 성균관대학교에서 박사학위를 취득한 원고이다. 그 이후 BTL 사업의 등장에 따라 변화된 민간투자사업의형태가 등장하였지만 일본의 예를 비추어 볼 때 우리나라에서 진행되는 BTL 사업 즉 서비스구매형의 민간투자사업도 본질적으로는 BTO 방식의 변형으로서 큰 테두리에서 계약의 형태로 활용될 수 있는 형태임을 알 수 있다.

필자가 로펌에서 실무를 하면서 부족한 시간에 민간투자사업에 대하여 법학박사논문으로 최초의 글을 쓰게 된 것이 논문의 질에 있어서 부끄러울 따름이다.

허나 이러한 필자의 고민이 종래 민간투자사업에 대하여 경제적인 접근방식의 주류에서 앞으로 법조계나 학계에서도 관심을 가질 수 있는 길이 되었으면 하는 바람이다.

필자가 학위를 받고 논문을 쓰는 데 있어서 법적 관점을 논의해준 사랑하는 아내 원정숙(서울가정법원 판사)과 민간투자실무에서 많은 판례와 자료, 법률의견을 제시해준 한국개발원(KDI) 공공투자관리센터(PIMAC)의 홍성필 박사님, 그리고 본인의 학위논문을 지도해주신 성균관대학교 법과대학의 이광윤 교수님에 진심으로 감사드린다.

현재 필자가 변호사 실무에서 BTL 등 민간투자사업을 진행하면서 현재 겪고 있는 많은 문제점과 현실을 향후 보완해서 책으로 답할 것을 약속한다.

이 책을 내기까지 원고정리에 많은 도움을 준 한국학술정보(주)의 권현옥 팀장님께 깊은 감사를 드린다.

2006. 11. 13.

저자 배상

第4章

現行 우리나라 民間投資法制의 法的 問題 / 117

第1章
序 論

第1節 問題의 提起

'公共施設에 대한 民間投資'는 행정법적 관점에서 살펴보면 '給付行政(Leistungsverwaltung) 부문에 대한 私人의 行政協力'의 형태이다.

歷史的으로 볼 때 現代福祉國家의 擴大傾向으로 인하여 行政法의 機能[1]이 私人의 行政參與의 必要性이 인정되었는바, 특히 給付行政分野에 있어서의 民間參與가 바로 '民間投資制度'(partenariat public-priv, public-private partnership; PPP)[2]라고 할 수 있다.[3]

行政法의 機能變遷의 過程을 보면 侵益的 警察行政이 지배하던 시대에서는 行政活動에 대한 國民의 權利保護만이 문제되었고 따라서 私人은 오직 行政의 客體일 뿐이므로 '私人의 行政參與'라는 주제가 行政法學에서 논의되기 어려웠다. 특히 우리나라에 많은 영향을 끼치고 있는 獨逸行政法의 경우를 보면 '行政行爲(Verwaltungsakt)' 중심의 權力行政과 이에 대한 國民의 權利保護가 주된 관심사였다. 그러나 제2차 세계대전 이후에 私法的인 形式

---

1) 現代國家機能의 變遷過程에 따른 行政法의 機能의 變遷에 대해서는 다음의 논문을 참조; 石琮顯, 현대국가의 기능변천에 따른 憲法과 行政法, 토지공법연구 제4집, 한국토지공법학회, 1997. 2.

2) 본 논문에서는 '民間投資制度'를 "partenariat public-priv, public-private partnership(PPP)"으로 정의한다.

3) 현대복지국가 확대화 경향에 의한 實質的 法治主義의 실현과 이에 따른 行政法의 유연화 (Flexibilisierung)와 行政契約을 통한 공사의 동반자관계(Public-Private Partnership)를 行政法의 변천으로 이해하고 있다; 石琮顯, 전게논문, 45-48면.

을 이용하는 行政活動이 이루어졌는데 그 領域 중 대표적인 것인 給付行政이다.

　수도·전기·가스 등 國民의 생존배려(Daseinsvorsorge)를 위한 給付提供의 主體로서의 國家(Der Staat als Leistungsrtäger)의 行政活動은 전통적 의미의 권력적 작용은 아니지만 공익을 직접적으로 실현하는 활동으로서, 公的 管理 行政의 領域에 속하고 公法原理의 拘束을 받게 되었다. 이러한 상황에서 종래 行政客體로만 여겨지던 國民들은 국가에 대하여 現代社會에 다양한 행정서비스를 요구하게 되었다. 그럼에도 불구하고 行政組織은 다양한 行政需要에 대응하지 못하고 硬直化 傾向으로 行政效率이 떨어지는 현상이 나타나게 되었다. 이를 극복하기 위하여 현대행정은 行政組織 自體의 計劃과 資本을 통한 傳統的인 행정서비스의 提供 方式에서 벗어나 종전 各種 公法的 領域에 속하는 作用들을 民間에 委託하는 경향이 나타났고, 나아가 자신의 公役務를 私人을 통하여 대신 제공하게 하거나 심지어는 警察行政作用과 같은 權力的·侵益的인 行政作用까지도 私人에게 委任하여 행하는 경우도 발생하게 되었다.

　이러한 조류의 연장선상에서 民間投資制度의 發達의 背景을 살펴보면 社會間接資本施設(Social Overhead Capital; SOC) 등 社會基盤施設(infrastructure)의 설치에 있어서도 民間資本의 誘致를 통한 民間部門의 效率性과 經

濟性을 동원하여 공공서비스를 제공하고 동시에 국가경제의 발전을 이루려는 시도가 행해졌다. 민간투자제도는 英國에서 PFI(private finance initiative)라는 형태로 現代的 의미의 民間投資制度로 發展되어 왔으며, 이미 세계적으로 널리 활용되는 제도이다.

민간투자제도의 공통요소를 살펴보면 '民間投資制度(partenariat public-privé, public-private partnership: PPP)'란 "私人이 公共工事에 財政的으로 參與하여 기술을 제공하고 시설물을 완성하는 것을 내용으로 하는 民間協力(offre de concours)을 本質로 하여 公共部門과 民間部門間에 '實施協約'(contrats de partenariats)을 체결하고 實施協約의 內容에 따른 獨占的·排他的인 管理運營權을 行使하는 것을 내용으로 하는 特殊한 行政契約(contrat administratif)을 本質로 하는 法制度"라고 정의할 수 있다. 특히 이러한 개념정의 중에서 民間投資制度는 '공공서비스特許契約'(contrat de concession de service public)과 政府工事契約(travaux publics)의 요소를 필수적 요소로 하는 複合的 性質을 지닌 行政契約의 形式을 취하고 있으며 이외에도 기타 行政作用의 性質을 함께 가지고 있는 복합적인 특징을 가지고 있다.

따라서 공법영역에 있어서 民間投資制度는 복합적 성격을 지니고 있으며 公法的 시각에서 槪念의 定義 및 법적 성질에 대한 연구가 필요하다.

우리나라의 경우에도 國家經濟의 活性化 및 행정서비스의 증대라는 두 가지 目的을 가지고 社會間接資本施設에 대한 民間資本을 誘致시켜,民間部分이 公共土木工事 등에 참여하도록 유도하고, 이를 통하여 國家의 행정서비스 기능을 강화하기 위하여 '社會間接資本施設에대한民間投資法'(이하 '民間投資法'이라고 한다)을 제정하였다. 現行 民間投資法의 기본구상은 政府가 民間으로부터 民間資本을 유치하여 民間에게 社會間接資本施設을 개발하게 하고, 이를 담당한 民間事業施行者에게는 당해 건설된 시설을 이용하는 利用者에게 使用料를 賦課徵收할 수 있는 '管理運營權'을 附與하는 것이다. 우리나라 현행 民間投資法은 社會間接資本施設에 대한 民間의 投資를 促進하여 創意的이고 效率的인 社會間接資本의 擴充·運營을 圖謀하여 國民經濟의 發

展에 이바지함을 目的을 가지고 있고(현행 민간투자법 제1조), 이에 따라 進行되는 民間投資法上의 民間投資節次를 보면 ① 政府는 民間投資事業基本計劃을 告示하고 ② 이에 따라 主務官廳은 民間投資施設事業基本計劃을 만들어 이에 의거하여 民間部門을 施設事業基本計劃上 當該事業에 대하여 參與를 시키며, ③ 정부고시사업의 경우 당해 民間投資事業의 行政主體는 民間部分이 提出한 事業計劃書를 審査하여 사업성검토 등을 통하여 協商對象者로 指定하고 민간제안사업의 경우 民間事業者의 事業提案書를 검토하여 協商對象者를 指定한 후 ④ 당해 民間投資事業의 內容에 대하여 具體的인 協議를 거친 후에 實施協約을 締結하고 實施協約의 內容을 토대로 實施計劃을 承認받아 당해시설을 工事하여 管理運營權을 行使하게 된다.

현재 실무에서는 민간투자제도의 효율성확보방안이나 위험관리(risk management)등의 필요한 機能的인 研究가 주된 내용을 이루고 있으나 정작 중요한 民間投資制度의 法的 性格 및 權利義務의 內容에 대한 理論的 研究가 거의 없는 상태이다. 따라서 公法的인 시각에서 현행 우리나라 民間投資法制의 法的 研究가 필요한 때이다. 특히 制度的인 槪念 要素 및 民間投資法의 進行節次에 따른 단계별 法的性格에 대한 파악 및 이에 따른 權利義務를 정립해야 한다.

現行 民間投資法은 여러 가지 특징과 複合的인 構造를 가지고 있다. 예를 들면 民間投資法上 事業施行者는 二重的 地位를 가진다. 즉 主務官廳에 대하여 '民間投資契約의 當事者로서의 地位'를 가짐과 동시에 民間投資事業을 시행함에 있어서 제3자에 대한 '公行政主體로서의 地位'를 가지고 있다. 또한 '事業施行者의 法的 性質'과 관련하여 事業施行者는 "私法人"으로서 法人格을 갖지만, 公法的 시각에서 볼 때 企業形式의 活動 측면에서는 공역무를 제공하거나 공공시설에 대한 관리운영권을 行使하므로 '公企業' (entreprise publique)의 성질을 가진다. 또한 '實施協約'의 체결을 통하여 事業施行者指定處分을 의제하여 事業施行者를 선정하고 이러한 實施協約의 締結을 통해 事業施行者는 收用權·管理運營權을 향유하고 일정한 경우 附帶事業實施權

을 부여받게 된다.

또한 實施協約의 構造 및 法的 性質과 관련하여, 民間投資法上 主務官廳의 民間과의 實施協約이 締結되면 동시에 事業施行者로 指定된 것으로 보기 때문에 실시협약의 체결은 行政契約으로서 實施協約의 成立과 民間提案者에게 事業施行者의 地位를 附與하는 處分의 性質을 동시에 가지므로, '二重的 效果'를 가지게 된다. 나아가 實施協約은 行政主體인 主務官廳과 事業施行者 사이에 맺어지는 行政契約으로서의 特許契約의 性質을 가지는데, 實施協約의 締結이라는 행위는 첫째, 主務官廳과 事業施行者 사이에서는 事業施行者를 指定하는 법률상 효과를 발생시킴으로 인하여 事業施行者는 收用權·管理運營權·附帶事業施行權 등을 향유하고, 둘째, 主務官廳과 事業施行者 사이에 맺어진 實施協約의 內容에 반하지 않는 범위에서, 事業施行者는 管理運營權을 가지며, 또한 실시협약체결행위는 당해 公共施設物을 이용하는 利用者에게 事業施行者의 管理運營權의 行使에 대하여 복종할 것을 강제하는 법적 효과를 발생시키는 것으로서 일종의 '一般處分(Allgemeinverfügung)'的인 성격을 가진다고도 볼 수 있는바, 이를 "關係的 兩面性"이라고 표현할 수 있다.

위와 같은 民間投資法上의 實施協約(contrats de partenariats)의 特性과 事業施行者의 公法上 地位가 개념요소로 認定됨에도 불구하고 實施協約의 性格에 대하여 이를 運營하는 실무자의 경우 이를 公法上의 行政契約이 아닌 순수한 私法上의 契約으로 보는 見解가 많은 것이 현실이며, 사업시행자의 지위에 대해서도 이론상 구별되어 있지 아니하다. 또한 實施協約의 法的 構造에 따른 당사자 사이의 爭訟形態에 대해서는 아직도 理論的 研究가 공백 상태에 있다.

따라서 우리나라 현행 民間投資法의 민간투자사업의 당사자들 사이에서 가장 중요하고 핵심적인 '實施協約'에 대한 法的 性質 및 이에 대한 事業施行者의 地位 그리고 實施協約의 當事者와 使用者 사이의 法的 爭訟에 대한 理論化가 절실하다.

第2節 研究의 目的, 方法 및 範圍

위와 같은 문제의식을 통하여 本 研究에서는 公法的인 觀點에서 이론적 기초로서 民間投資制度의 概念要素 및 特徵을 살펴보고, 이를 통하여 현행 우리나라 民間投資法上 實施協約이라는 特殊한 行政作用의 法的 性格 및 構造를 理論的으로 體系化하며 民間投資法上의 事業施行者의 地位 및 利用者의 權利義務 關係 그리고 각 법 주체 사이에서 公法的인 爭訟形態의 構造를 定立하는 것을 目的으로 한다.

本 硏究가 硏究 目的으로 삼고 있는 民間投資法上 實施協約의 理論的 糾明 및 이를 통한 事業施行者의 地位 및 利用者의 權利·義務 등 法律關係를 고찰하기 위하여 다음과 같이 연구를 수행하고자 한다.

第2章에서는 民間投資制度 一般에 대하여 살펴보는데, 먼저 民間投資制度의 意義 및 機能, 必要性 그리고 民間投資制度의 概念 및 對象에 대하여 살펴본다. 특히 民間投資制度의 必要性에 관하여 國家 자신이 直接 公共施設을 設置·管理하지 아니하고 이른바 '公物自由使用의 原則'에 반하면서까지 民間資本을 참여하게 하는 理由가 무엇인지에 관하여 살펴보기로 하며, 또한 民間投資制度의 概念과 對象과 관련하여 營造物의 概念에 비추어서 社會間接資本施設 및 公共施設에 대하여 批判的으로 살펴본다. 둘째로 現行 民間投資法의 沿革에 대하여 과거 民資誘致促進法 및 現行 民間投資法의 制定 및 改正過程에 대하여 살펴본다. 그리고 셋째 外國의 民間投資制度를 英國·유럽聯合·OECD·프랑스·日本·美國의 순서로 살펴본다. 특히 유럽聯合의 PPP 정책 및 OECD에 있어서의 民間特許契約의 基本要素(Basic Elements of a Law on Concession Agreements)의 內容 그리고 英國의 PFI 標準化契約書는 우리나라의 民間投資政策 특히 實施協約의 締結 等에 도움을 줄 것이다.

第3章에서는 우리나라 民間投資制度의 法的 性格에 대하여 살펴본다. 특히 民間投資의 法的 性格의 概念要素에 대하여 公共서비스特許契約을 중심으로 附帶槪念을 살펴본다. 民間投資契約의 法的 性格과 관련하여 프랑스·獨逸·美國의 行政契約理論 중 民間投資契約과 聯關性을 지니는 부분에 대하여 검토하고자 한다.

먼저 프랑스의 公共서비스特許契約(Concession de service public), 公土木工事契約(Concession de service public)에 대하여 살펴본다. 특히 프랑스의 특허계약(Concession)에 대한 꽁세이데따(Conseil d'etat) 判決도 살펴보기로 한다. 獨逸의 民間投資法理와 관련하여 먼저 區別槪念으로 '私人에 대한 行政權限委任(Beleihung)'과의 差異點을 살펴보고, 民間投資方式의 種類를 特許모델(Konzessionmodell) 및 經營者모델(Betreibermodell)로 나누어 보고 現行 民間投資制度의 法的 性格을 밝혀 보도록 한다. 그리고 美國의 政府契約(Government contract)에 대하여 '聯邦調達規則'(Federal Acquisition Regulations)과 그 특징을 살펴본다.

本 硏究의 핵심이라고 할 수 있는 第4章에서는 現行 民間投資法의 法的 問題를 現行 民間投資法의 法的 性格 및 公法的 地位性의 認定要素, 協商者 指定行爲의 法的 性質, 實施協約의 法的 性格 및 효과로 나누어 살펴본다.

먼저 現行 民間投資法의 法的 性格 및 地位에 대해서는 특히 現行 民間投資法의 公法的인 地位의 特徵에 대하여 現行 民間投資法의 個別條項을 중심으로 그 意義 및 趣旨를 살펴본다.

둘째, 協商對象者 指定行爲의 法的 性質을 살펴본 후에 協商對象者 指定行爲에 따른 效力 및 法的 爭訟方法을 살펴본다. 여기서는 協商對象者 指定行爲의 行政處分性 認定與否가 論議의 爭點이 될 것이다.

셋째, 民間投資法上의 實施協約의 法的 性格 및 效果와 관련하여 먼저 實施協約의 內容을 살펴본 후 民間投資法에 의한 국내 실무에서 체결된 事例인 '고양시 벽제 및 일산 下水處理場 實施協約書'를 분석하여 行政契約으로서의 特徵을 검토해 본다. 다음으로 實施協約의 法的 性格에 대하여 私法

上 契約說과 公法上 契約說을 검토하고 이를 통하여 實施協約에 대한 理論構成 및 事業施行者의 地位에 대한 法的 性格을 규명한다. 즉 實施協約의 法的 性格에 대하여 公法上 契約說의 性格을 가지고 있음을 論證해보고 事業施行者의 地位를 民間投資契約의 當事者로서의 地位와 公行政主體로서의 地位로 나누어 고찰하되, 특히 後者와 관련해서는 事業施行者의 特權인 收用權과 附帶事業施行權의 內容에 대하여 法的 評價를 하며, 實施協約의 當事者인 3面關係, 즉 主務官廳·事業施行者·施設利用者의 각 紛爭의 構造 및 方法에 대하여 고찰하면서 本 研究를 展開하고자 한다.

第5章에서는 위와 같은 검토에 대한 結論을 내리되 本 研究에서는 行政法的인 觀點에서 民間投資法上 實施協約이라는 行政契約의 특수한 行政作用의 法的 性格 및 構造를 理論化하여 體系化하고 이에 의한 民間投資法上 事業施行者의 地位 및 利用者의 權利義務에 法的 關係를 정립하도록 한다.

따라서 本 研究는 그 研究方法으로 比較法的 考察, 理論的 考察, 歷史的 考察 그리고 우리나라 民間投資法을 중심으로 한 現行法과 判例를 통한 法解釋學的 考察을 주로 이용하고자 한다.

第2章
民間投資制度의 理論的 基礎

　본 장에서는 '民間投資制度(PPP, public-private partnership)'에 대하여 民間投資制度의 意義 및 槪念, 우리나라 現行 民間投資法의 變遷過程 및 外國의 法制度에 대하여 살펴보고자 한다.

　民間投資制度의 法的 槪念과 實施協約의 法的 性質 및 構造 분석을 위하여 선행연구로서 民間投資制度의 이론적 기초라는 제목으로, 첫째 民間投資制度의 意義 및 槪念, 發達 및 必要性, 民間投資事業의 對象 및 事業方式에 대하여 살펴본다. 특히 現行 民間投資法의 이름이 "社會間接資本施設에대한 民間投資法"이고 또한 民間投資法上 民間投資의 대상은 社會間接資本施設(SOC)이라고 규정되어 있는데, 이와 관련하여 특히 公法的 觀點에서 '民間投資의 槪念' 및 '民間投資의 對象'의 법적 검토가 필요하다. 둘째 우리나라 現行 民間投資法의 制定 및 改正過程에 대하여 살펴보며, 셋째 外國의 民間投資法制에 대하여 살펴보면서 유럽聯合, OECD, 英國의 PFI 實施協約 標準契約書, 프랑스, 日本, 美國의 民間投資法制 등을 살펴본다. 민간투자제도의 이론적 기초로서 비교법적인 분석을 통하여 우리나라의 민간투자법제의 정립과 법적 검토에 시사점을 얻고자 한다.

第1節 民間投資制度 一般論

Ⅰ. 民間投資制度의 意義 및 概念

1. 民間投資制度의 意義

　民間投資制度[1]는 傳統的으로 國家作用의 범주에 속했던 道路·港灣·鐵道·環境施設 등 社會間接資本施設 및 教育·文化·福祉 등의 社會基盤施設 등 公共施設의 건설과 운영을 民資誘致를 통하여 民間部門을 참여시켜 국민에게 公共서비스를 제공하는 制度라고 할 수 있다.

　公共施設에 대한 投資는 경제학적인 면에서 보면 그 자체로서 고용의 증대, 소득의 증가, 지역개발, 기술진보 등에 기여할 뿐만 아니라 생산활동을 간접적으로 지원한다. 종래 公共施設에 대하여 傳統的으로 國家 및 地方自治團體 등 公共部門 자신이 直接 供給·管理(government-supported, government-owned)해 오고 있으나 公共서비스의 수요가 증대하고 民間部門의 創意性과 效率性을 빌

---

1) '民間投資制度'의 용어와 관련하여 위 PPP(Public Private Partnership) 및 PFI (Private Finance Initiative)라는 용어가 全世界的으로 보편화된 것으로 보인다.

려올 必要性에 입각하여 民間投資制度를 이용하게 되었다. 따라서 종래의 정부 역할의 변화라는 측면에서 公共施設에 대한 民間資本의 參與는 公共投資事業 패러다임의 轉換이라 할 수 있다.

民間投資制度는 投資費 규모가 큰 인프라시설의 건설과 운영을 民間部門이 담당하도록 함으로써 國民들의 편의를 도모하고 國家의 지속적 발전을 可能하게 하는 長點이 있고 특히 財政이 충분치 못한 地方自治團體나 州政府에 財政不足 문제를 극복하고 동시에 자본집약적 시설인 인프라시설의 建設과 運營, 管理에 있어 새로운 기술을 개발하고 다양한 事業推進 經驗과 專門知識을 제고하는 역할을 한다. 또한 法政策的인 면에서는 民間投資制度는 長期的으로 볼 때 社會基盤施設을 늘리고 公共財(public assets)로서의 가치를 인식하게 하는 機能을 하고, 이에 대하여 納稅者(tax payer)가 대가를 돈으로 지불하는 것에 대한 타당성을 부여한다.[2]

2. 民間投資制度의 槪念

民間投資制度는 전통적으로 公共部門이 담당해왔던 행정서비스에 民間部門이 一定한 形態로 參與하는 '私化'(Privatization) 현상의 하나라고 볼 수 있다.

그런데 民間投資制度의 法的 性質과 槪念을 한마디로 定義하기는 어렵다. 왜냐하면 후술하는 바와 같이 民間投資制度는 어느 하나의 法形式을 가지고 있지 않고 여러 가지 복합적인 형태를 띠고 있고, 또한 사업방식에 따라서 법적 성질이 다르기 때문이다.

지금까지의 民間投資制度의 공통적인 개념요소를 추출한다면 民間資本의 誘致를 통한 民間의 經營參與를 基本槪念要素로 한다. 民間投資制度는 國家 또는 地方自治團體가 公共施設의 建設과 運營을 위하여 부족한 財源의

---

2) Akintola Akintoye, Matthias Beck & Cliff Hardcastle, Public-Private Partnerships-Managing risks and opportunities, Blackwell Science Ltd, 2003. 2., p.3.

一部 또는 全部를 私人으로부터 調達(民資誘致)하고 그들에게 獨占的으로 일정한 범위 내에서 公共施設의 경영을 하게 하여 受益權을 保障하는 制度3)라고 할 수 있다.

따라서 民間投資制度는 첫째 國家 또는 地方自治團體와 같은 公權力을 행사하는 주체가 民資誘致의 주체가 된다는 점, 둘째 이러한 公行政의 主體가 公共施設의 建設·運營을 통하여 國民의 生存을 配慮하는 給付行政作用을 행한다는 점, 셋째 公共施設의 建設과 運營過程에서 전적으로 國家財政에 의존하지 아니하고 부족한 財源의 전부 또는 일부를 私人이 소유한 資金을 통하여 調達한다는 점, 넷째 資本을 投資한 私人에게 일정한 범위 내에서 公共施設의 운영 및 受益權을 허용함으로써 그들에게 反對給付를 보장한다는 점 등의 概念要素가 도출된다.4)

Ⅱ. 民間投資制度의 發達 및 必要性

1. 民間投資制度의 發達

전 세계 각 국가들은 公共서비스의 제공에 있어 民間部門의 參與를 꾸준히 증가시켜 왔다. 그 參與形式은 여러 가지의 형태를 취하는데, 公共서비스 계약, 사회간접자본건설을 위한 民間資本의 使用 및 私法人에 맡기는 方式에서부터 國家所有産業을 完全히 民營化하는 方式 등 여러 가지가 있다.

民間部門이 일정한 공공서비스 제공에 참여하는 '私化'현상은 세계적으로 일어나고 있으며, 일찍이 동유럽 및 유럽중앙에서 초기 사회주의 국가에서 주로 행해지고 있다. 노동집약적 서비스분야의 민간계약도 널리 행해지고 있고 특히 남아메리카 및 동남아시아의 여러 나라에서 예컨대 도로와 같이 거

---

3) 모성은, "지방의 민자사업활성화 전략"「지방지치」현대사회연구소, 2000. 12, 67면.
4) 金性洙, 社會間接資本施設에 대한 民間資本誘致와 公法的 諸問題, 考試界 39권 7호(449호) 국가고시학회, 1994. 6., 124면.

대한 社會間接資本施設物을 건설하고 운영할 수 있는 '特許'에 특별한 관심을 가지고 급속하게 발전시켜왔다.[5]

'民間投資制度'라는 개념은 미국 및 유럽에서 몇 세기 전부터 지속된 것이었지만, 근래에는 地域經濟開發(local economic development)에서 최근 십년간 부각되었다. 특히 1990년대의 가장 중요한 PPP 분야는 敎育[6], 醫療[7], 交通手段 등이라 할 수 있다. 이는 공공부문에 의하여 지명에 의하여 혹은 민간부문의 제안에 의하여 광범위하게 행해졌다. 그리고 1990년대 이후에 전 세계적으로 BOT(Build-Operate-and-Transfer)[8] 方式의 민간투자프로젝트가 많이 추진되고 있다.

종래 민간자본이 민간투자사업에 참여하지 못했던 이유[9]로 크게 세 가지를 든다. 첫 번째는 認識의 문제인 바, 즉 도로·철도·항만시설 등과 같이 외부효과가 큰 공공재는 공공부문에서 그 건설 및 운영관리를 담당해야 한다는

---

5) Akintola Akintoye, Matthias Beck & Cliff Hardcastle, ibid, p.3.
6) 예를 들어, 오스트레일리아의 경우 약 15年前부터 電力施設 및 交通施設과 같은 社會間接資本施設을 民間으로부터 조달하기 시작되었으나 빅토리아州를 중심으로 病院, 矯導所 및 學校施設에 대한 PFP(Privately Financed Projects)가 추진되고 있고, 뉴사우스웨일스州(NSW)의 경우 9개의 학교가 건설되었다. 즉 호주의 PFP는 주로 保健, 技術(光學纖維, TV Studio 등), 學校, 交通, 水資源 등의 부문에서 활발하게 추진되고 있다. 교육과 관련하여 우리나라의 경우에도 2004년도 최근 교육 관련시설에 대한 民間投資法의 적용을 하기 위해서 民間投資法을 개정하려고 하고 있으나 全世界的인 民間投資의 대상범위를 고찰해 볼 때 교육분야의 교육시설에 대해서 널리 외국에서도 민간투자사업이 광범위하게 행해지고 있는 것을 볼 때 뒤늦은 감이 있다.: 교육에 있어서 민간투자관련 논문으로는 金東建, 敎育財源擴充을 위한 民間投資財源誘致方案, 서울대학교 행정대학원 한국행정연구소, 행정논총, 25권, 2호, 1987.1.
7) 醫療分野와 관련하여 미국의 경우 생명공학관련 인간게놈프로젝트 등의 분야에 民間投資制度를 활용시키고 있다; 국립보건원(NIH) 홈페이지 (http://nihroadmap.nih.gov/publicprivate) 참조.
8) 民間投資事業에 있어서 'BOT'는 1984년 터키의 터굿 오잘(Turgut Ozal) 수상이 터키의 公共部分을 民營化하면서 처음 사용하였던 용어이다. 당시 'BOT' 방식의 民間投資制度는 세계인들의 관심을 집중시켰고 특히 말레이시아, 태국, 필리핀, 멕시코, 칠레 등과 같은 개발도상국들은 BOT방식을 통하여 公共部門의 負債減少 및 外國資本을 誘致의 일석이조 효과를 거둘 수 있는 방법으로 인식하였다.
9) 송병록 외 5인, 민자사업추진의 효율성·투명성 제고를 위한 업무수행지침 작성연구, 국토연구원민간투자지원센터, 2004. 2., 2-3면.

사고가 지배하였다. 두 번째는 민간부문에 의한 公共財의 供給은 '市場失敗'를 가져올 가능성이 농후하다는 인식 때문이며, 세 번째는 민간기업이 막대한 규모의 자금을 조달할 수 있는 金融市場 및 最新의 金融技法이 발달하지 못하였기 때문이다.

그러나 1990年代 이후 세계 각국에서 사회간접자본시설의 건설과 운영에 민간자본의 참여가 활발해지기 시작하였고 시설운영에도 민간경영방식이 접목되었는데, 그 이유는 첫째 인프라시설에 대한 민간의 공급이 가져오는 '시장실패' 위험보다도 政府 供給에 따른 施設의 부족과 운영의 非效率性 등 '政府失敗' 危險이 더 크다는 것이 현실화되고, 둘째 現代福祉國家로 이행하면서 국민들의 租稅負擔이 크게 높아져 인프라 投資需要를 원활히 하기 위해 租稅負擔의 폭을 줄이면서 社會間接資本施設의 확충을 시도하기 위해서이다.

2. 民間投資制度의 必要性

國家 및 地方自治團體 등의 行政主體가 자신이 직접 公物을 설치하지 아니하고 민간의 자본 또는 기술을 유치하여 公物을 건설하도록 하고 또한 이를 이용하는 이용자에게 일정한 금전부과를 강제하는 방식, 즉 '民間投資制度'를 인정하는 根據 내지 이용의 必要性은 무엇인가? 특히 民間投資制度는 '公物의 自由使用의 原則'[10)]에 상치하는 면이 있기 때문에 더욱 요청이 크다

---

10) 公物의 設置는 國家 및 地方自治團體, 즉 行政主體가 직접 설치해야 한다는 '公物의 自由使用의 原則'(私見으로는 공물의 자유사용원칙은 行政主體의 측면에서 볼 때 이를 '行政主體 公物의 直接設置原則'이라고 부를 수 있다고 본다)이 원칙적으로 지배한다. 이에 따라 공물의 자유사용이 인정되며 다만 자유사용이 반사적 이익이냐 또는 권리로 보장되느냐의 견해의 대립이 있었을 뿐이다. 즉 Otto Mayer는 "公物의 自由使用은 그 주체가 불특정한 것으로 모든 사람에게 그 사용이 허용되며 그 內容은 물건을 이용하는 가능성에 지나지 않고 물건을 점용하거나 처분하는 機能을 포함하지 않는다"고 하면서 反射的 利益論을 주장(Otto Mayer, Deutsches Verwaltungsrecht, Bd. II, 3 Aufl., 1923, S.76.) 하였고 이에 반하여 Ernst Forsthoff는 "自由使用의 法的 性質은 개인의 自由使用이 방해될 때 問題가 되는 것이며 그러한 때에 그 公物의 사용자는 行政上 爭訟을 제기할 수 있다. 경찰상의 정당한 이유 없이 自由使用이 방해되면 訴訟을 통하여 승리할 수 있을 것

고 볼 수 있다.

이에 대하여 통상적으로 사회간접자본시설의 수요의 확대, 세대간 및 이용자부담원칙, 정부위험의 민간분산, 민간의 창의와 효율의 도입, 국가자본시장 및 금융기법 등의 선진화 효과 등을 들 수 있다.[11)]

첫째, 사회기반시설에 대한 投資需要는 점차 확대되는 반면 投資財源 확보의 곤란 현상이다. 지속적인 경제성장과 국가경쟁력 확보 및 國民들의 복지수준 향상 요구 등 재정수요의 증대현상이 발생하는 반면에 새로운 稅源의 부족과 국민들의 조세저항, 인구증가 등으로 인하여 만성적으로 사회기반시설의 공급에 필요한 투자재원 부족에 시달리는 현상이 나타났다.

둘째, 사회기반시설에 대한 民間資本誘致를 통하여 세대 간 投資費用의 분담 및 使用者 負擔原則을 실현할 수 있다. 사회기반시설 투자비를 현세대가 모두 부담하는 것은 현세대에게 많은 소비와 복지의 희생을 강요하게 되어 과도한 부담이 소비위축으로 이어져 경기가 침체되고 결과적으로는 후세대가 현세대의 경제적 성과를 향유할 수 없는 효과가 있다.

셋째, 政府가 負擔해야 할 위험을 民間에 분담시켜 분산하는 效果가 있다. 민간투자사업은 대부분 BOT 方式 또는 BTO 내지 BOO方式으로 추진된다. 이러한 방식은 制限的 訴求金融(limited recourse financing)[12)] 소위 Project financing으로 재원을 조달한다. 따라서 사회기반시설의 건설, 운영, 유지보수 과정에서 정부가 부담해야 할 건설비용 및 운영비용의 초과, 불가항력 등 각종 위험을 民間投資事業을 통하여 事業者와 금융제공자에게 分散 내지 移轉시킬 수 있다.

이다"라는 權利性을 인정하는 견해(Ernst Forsthoff, Lehrbuch des Verwaltungsrechts, Bd. I, 10 Aufl., 1973, S. 392.)를 취하고 있다.

11) 송병록 외 5인, 前揭書, 4-5면.

12) 債權者(貸主)들이 原則的으로 政府나 持分投資者들에게 특정한 형태의 保證을 요구하지 않으며, 프로젝트전담회사(事業施行者)의 자산이나 현금흐름에 근거하여 이루어지는 金融을 말한다. 참고로 일본의 민간투자사업에 있어서의 地域金融機關의 金融 및 實情에 대해서는 다음 논문을 참조: 小泉伸洋, 地域金融機關のPFIへの取組み: 意義, 關與のあり方, 實務的諸問題 / 金融法務事情 1693號 (2003. 12.), 57-62面.

넷째, 民間의 創意와 效率을 公共部門에 도입할 수 있다. 경제규모가 확대되고 민간기업의 능력이 향상되어 설계와 시공능력의 향상을 통한 사업비의 감축, 시설의 유지·보수 및 관리운영에 있어서도 효율성을 가지게 되어 이를 공공부문에서 활용할 수 있다.

다섯째, 肯定的 外部效果의 創出이다. 대규모 민간자본을 사회기반시설사업에 유치하면 특히, 자본시장구조가 취약한 개발도상국의 경우에는 당해국가의 자본시장과 금융기법이 성장·발전하는 효과 및 사업추진과정에서의 사업능력의 향상 및 각종 불합리한 규제 등을 없앴을 수 있는 계기를 얻어서 결국 肯定的 外部效果(externalities)가 나타난다.

따라서 이러한 民間投資制度의 必要性에 의하여 본 제도가 성공하기 위한 요소를 살펴보면, 사회기반시설에 대한 민간투자사업은 정부의 재정압박 완화와 민간부문의 창의와 효율 활용, 민간부문의 역량 개발(Private sector development)이라는 목적을 가지고 추진되는 사업이므로 政府와 民間의 파트너십이 가장 중요한 성공의 요소이고13) 또한 민간투자사업이 성공하기 위해서는 기본적으로는 合理的인 制度, 政府와 事業施行者의 적극적인 意志, 創意的이고 效率的인 파트너십의 形成, 競爭과 成果중심의 事業推進이라는 네 가지 요소들이 갖추어져서 각자 機能할 수 있어야 한다.14)

Ⅲ. 民間投資事業의 對象 및 方式

1. 民間投資事業의 對象

現行 民間投資法의 民間投資事業15)은 社會間接資本施設(SOC)을 대상으

---

13) 전통적으로 國民들이 無料 또는 낮은 使用料를 支拂하고 公共서비스를 提供받다가 民間投資사업이 추진됨으로써 보다 높은 使用料를 지불해야 한다는 인식이나 民間企業에 대한 特惠라는 인식 등이 정신적인 요소에서의 民間投資事業에 대한 부정적 시각이다.

14) 송병록 외 5인, 前揭書, 5-9면.

로 하고 있다.

그러나 理論的인 면에서뿐만 아니라 實際的으로도 民間投資, 즉 公私合同으로 인한 事業은 社會間接資本施設뿐만 아니라 敎育·文化·福祉施設 등의 生活基盤施設16)이 이에 포함됨은 물론이다. 따라서 民間投資制度의 대상은 원칙적으로 自然公物을 제외한 人工公物, 즉 公共施設이 대상이라고 볼 수 있다. 구체적으로 보면 圖書館이나 民營矯導所17) 등 社會間接資本施設은 아니지만 公共施設인 경우가 얼마든지 있고 또한 獨逸의 경우를 보면 지리정보센터, 교통시설, 전력·용수공급시설, 올림픽스타디움, 디지털라인정보시스템 등의 부분에 대하여 民間投資를 인정하고 있음을 알 수 있다.18) 이러한 경향에 따르면 民間投資制度의 대상은 社會基盤施設 및 人工公物19)이 포함

---

15) 民間投資法 제2조 제1호에서는 "社會間接資本施設"이라 함은 "각종 생산활동의 기반이 되는 시설, 당해 시설의 효용을 증진시키거나 利用者의 편의를 도모하는 시설 및 國民生活의 편익을 증진시키는 시설로서, 다음 각목의 1에 해당하는 시설"이라고 정의하고 있다. 그러나 이러한 개념정의의 불충분을 인식하고 2004년도 12월 최근에 民間投資法 개정안이 입법예고 된 바 있으며 개정안의 內容에는 학교, 공공청사, 군사시설 중 관사 등의 주거 및 부속시설, 보육시설, 노인복지시설, 공공보건의료시설, 항만, 문화시설, 자연휴양림, 수목원 등을 民間投資사업의 대상시설물로 신설하고 있다.

16) 교육은 公共財와 사유재로서의 양자의 성격을 가지며 여러 당사자들 사이에 PPP의 활용을 할 수 있다; Pauline Vaillancourt Rosenau, Public-Private Policy Partnerships, The MIT Press Cambridge, Massachusetts London, England, 2000. 2., pp.130-133.

17) 미국에서는 민영교도소(private prison) 및 기타 사회교정시설에 대하여 오래전부터 지속적으로 사화(Privatization)가 추진되어 왔는데 이에 대하여 민간교정시설들의 효율성 (private corrections and efficiency)이 논의의 주제가 되고 있다.: John D. Donahue, The Privatization decision: public ends, private means, A Member of the Perseus Books Group, 1989., pp.160-169.

18) Jan Ziekow (Hrsg.), Forschungsinstitut für öffentliche verwaltung, -PUBLIC PRIVATE PARTNERSHIP-Projekte, Probleme, Perspektiven-in Zusammenarbeit mit dem Bundesministerium des Inner und der Initiative D 21., Dokumentation des Workshops "Public Private Partnership" im Bundesministerium für Wirtschaft am 16. und 17. Oktober 2001 in Berlin, FORSCHUNGINSTITUT FÜR ÖFFENTLICHE VERWALTUNG bei der deutschen Hochschule für Verwaltungswissenschaften Speyer., 2003., S. IX-XI f.

19) 國家나 地方自治團體 등의 行政主體가 行政活動을 수행함에 있어서 여러 가지의 物的인 手段을 必要로 하는데, 이러한 物的 手段은 그 資本價値에 의하여 間接的으로 行政目的에 기여하는 私物(la domaine priv)과 그 使用價値에 의하여 直接 行政目的에 제공되는 公物(la domaine public)로 구분할 수 있다(이광윤 / 김민호 / 강현호 공저, 행정작용법론, 법문사, 2002, 50-1면). 公物은 自然公物과 人工公物 그리고 '公用物', '公共用

된다.

民間投資의 대상과 관련한 公共施設의 개념에 대하여는 다른 見解20)가 있다. 이 견해는 "公共施設(öffentliche Einrichtungen)이란 강학상의 營造物(Anstalten des öffentlichen Rechts)이라고도 하며, 이는 給付主體에 의하여 公益目的의 繼續的 實現을 위하여 제공된 人的·物的 종합시설을 말하며, ……營造物의 핵심은 公共用 營造物이고 民資誘致를 통하여 國民生活의 향상에 이바지하는 施設을 마련하는 것이므로 여기에서 公用營造物은 제외된다. ……公共施設의 範圍를 公共의 營造物로 국한시키고 있으나 民間資本의 유치를 통하여 건설하려는 公共施設은 營造物뿐만 아니라 도로나 항만과 같은 소위 講學上 公物을 포함하는 社會間接資本施設이므로 여기서 말하는 公共施設은 보다 범위가 넓다"고 주장하고 있다.

그러나 이 견해는 종래 營造物과 公共施設을 동의어로 보았던 오토 마이어의 견해에 의한 것으로서 타당하지 않다. 오토 마이어는 營造物을 '公的 目的에 제공된 人的·物的 手段의 總合體'로 정의하였는데, 이러한 오토 마이어의 정의는 行政主體의 法人格性이 결여되어 있으며 또한 公物의 개념과 구분되지 않는다. 따라서 營造物은 국가의 間接行政機關으로서 법인격을 갖춘 행정의 주체이므로 公法上의 權利能力·義務能力을 갖춘 法人만이 가능하다는 점에서 營造物은 公共施設이나 公物과는 개념상 구별되어야 한다. '營造物法人'21)(établissements publics)의 전통적 개념은 公共서비스를 수행하기 위한

물', '公的 保存物'로 나누어지는데, 國家·地方自治團體의 廳舍와 같은 '公用物'은 直接 行政目的에 提供되어 있는 公物이고, 道路와 같이 一般公衆의 使用에 提供되어 있는 '公共用物', 文化財와 같은 '公的 保存物'이 모두 公物의 種類에 속하지만 事實上 行政作用法 關係에서 가장 重要한 것은 '公用指定 내지 公用開始'(Widmung)로서 公物의 性質을 가지는 公共用物이다. 특히 公共用物은 公用指定 내지 公用開始를 통하여 公衆에 提供되고 있다는 점에서 國家의 行政을 위한 公物로서의 性質뿐만 아니라 行政客體인 利用者가 事實上 行政서비스를 누리게 되는 對象으로서의 機能을 한다. 따라서 事實上 公共用物이 公物法(Recht der ffentlichen Sachen)의 가장 中心的인 論議의 主題이며 이에 따라 公共用物에 대한 公用指定 내지 公用開始 등에 대한 논의가 많은 것도 이러한 이유 때문이다. 民間投資對象의 경우 주로 "人工公物로서의 公共用物"이라고 할 것이다.

20) 金性洙, 전게논문, 124면.

국가 또는 지방자치단체를 제외한 公法上의 法人體를 말한다.[22][23]

私見으로는 民間投資對象은 인적·물적 결합체로서의 법인체가 아니며 오직 물적 시설만을 대상으로 하는 것이므로 법인격주체성을 본질로 하는 講學上의 營造物의 개념과 다르다. 따라서 民間投資의 대상은 社會基盤施設(les infrastructures) 및 公共施設[24](équipments publics)을 그 대상으로 하므로 講學上 公物에서 自然公物을 제외한 人工公物만 해당한다고 본다. 결국 民間投資의 대상은 '社會間接資本施設 내지 社會基盤施設을 포함한 公共施設'(les infra-structures et les équipements publics)이다.[25] 立法的으로는 민간투자법상의 민간투자대상을 '社會間接資本施設'로 규정할 것이 아니라 '社會間接資本施設 및 公共施設'로 규정하는 것이 타당하다.

---

21) '營造物法人'은 공공단체의 일종이다. 즉 일정한 행정목적을 수행하기 위하여 국가에 의하여 법인이 공공단체로 정의할 수가 있는데, 이러한 공공단체는 일종의 국가의 간접 행정기관의 역할을 하며, 공공단체의 종류에는 국가의 사무를 지역적으로 분권한 '지방자치단체'와 사무적으로 분권한 '공공조합', '공법상의 영조물법인', '공법상의 재단'등으로 나눈다.

  J. Rivero 교수는 지방자치단체이외의 공공조합과 공법상의 영조물법인, 그리고 공법상의 재단은 그 기능에 있어 동일하므로 통칭하여 '영조물법인'으로 본다는 전제하에 공법인의 종류를 지역적 공공단체(colletivités territoriales)와 영조물법인(établissements publics)으로 구분하고 있다.; J. Rivero, Droit Administratif, 9ème éd., 1980 JURISPRUDENCE GENERALE DALLOZ,; 兼子仁 / 磯部 力 / 小早川光郎 編譯, フランス 行政法, 東京大學出版會, 1982, p.49.

22) 프랑스의 '營造物'에 대한 정의를 보면 일반적으로 "公共서비스의 임무를 수행하는 법인체"(A de Laubadère, Traité de Droit Administratif Tome 1, 14e éd., Paris L.G.D.J., 1996, p.217.), "公共서비스의 경영을 위한 지역적 공법인에 의해 창설되는 공법인"(Charles Debbasch, Institutions et droit administratif, T.1., P.U.F., 1982, p.500.) 등이다.

23) '공공단체'의 종류를 '지방자치단체'와 '營造物로 대별되며 전자는 지방자치(autonomie des collectivités locales)를 의미하는 지역분권(décentralisation territoriale)의 개념으로 후자는 사무자치(l'autonomie de service)로 특징지을 수 있다.

24) 營造物과 公共施設의 차이점은 전자는 권리와 능력을 향유하는 법인체인데 반하여 후자는 공익을 만족시킬 목적에서 행해지는 공공토목공사의 결과로서 남게 되는 공공의 욕구에 할당된 단순한 구조물을 말한다.; Joseph Fravreau-Renault, Marc et Marion Vettrains, Vocabulaire administratif et juridique, Hatier, 1981. paris. p.107,

25) 民間投資制度의 용어와 관련하여 프랑스에서는 "partenariat public-privé dans les infrastructures et équipments publics"이라고 사용한다.

2. 民間投資制度의 事業方式26)

民間投資制度의 여러 사업방식에 대하여 통상적으로 논의되는 것27)은 아래와 같으나 각국의 실정에 따라서 다양한 방식28)이 있다.

첫째, '建設－運營－讓渡(Build-Own-Operate-and-Transfer, BOT)' 방식이다. 이는 事業施行者가 인프라시설에 필요한 財源을 調達하고 建設하며 일정기간 소유권을 가지고 運營 및 管理까지를 담당하는 방식이다. 사업시행자는 운영기간 동안 계약상에 명시된 바에 따라 시설에 대한 사용료를 시설이용자들에게 부과할 수 있다. 사용료 수입은 사업시행자가 투자한 금액과 투자액에 대한 수익을 회수하고 시설의 관리 및 운영에 필요한 운영비용을 충당하는 데 소요된다. 시설은 계약기간 만료 후 정부 또는 지방정부에 귀속되고 민간투자법상 계약기간의 상한은 정하고 있지 않으나 최장 50년을 넘지 못하고 있다.

둘째, '建設－讓渡－運營(Build-Transfer-and-Operate, BTO)' 방식이다. 事業施行者가 인프라시설에 필요한 財源을 調達하고 建設하여 政府 또는 지방정부에 所有權을 讓渡한 뒤 일정기간 관리운영권을 부여받아 運營 및 管理까지를 담당하는 방식이다. 민간사업자는 BTO 계약에 따라 시설을 운영하면서 시설에 대한 사용료를 이용자들에게 부과할 수 있다. 역시 사용료 수입은 사업시행자가 투자한 금액과 투자액에 대한 수익을 회수하고 시설의 관리 및 운영에 필요한 운영비용을 충당하는 데 소요된다.

셋째, '建設－所有－運營(Build-Own-and-Operate, BOO)' 방식이다. 事業施行者가 인프라시설에 필요한 財源을 調達하여 建設하고 소유하면서 運營 및

---

26) 民間投資法(제4조)은 BOT방식, BTO방식, BOO방식 이외에 主務官廳이 시설사업기본계획을 통해 제시한 방식, 民間이 제안하여 主務官廳이 채택한 방식도 가능하도록 규정함으로써 다양한 방식에 의한 사업추진이 가능하도록 하고 있다.

27) 송병록외 5인, 前揭書, 69-72면.

28) 예컨대 영국의 民間投資(PFI)사업의 추진은 주로 Design-Build-Finance-Operate(DBFO), Build-Own-Operate(BOO), Build-Own-Operate-Transfer(BOOT) 등의 방식으로 추진되고 있는 것으로 파악된다. 특히 DBFO방식은 보건부에서 병원 등의 사업에 주로 사용된다고 한다.

管理를 할 수 있는 권한의 승인을 얻어 시설에 대한 使用料를 사용자들에게 부과하는 방식이다. BOT와 달리 사업시행자가 시설 소유권을 영원히 보유하기 때문에 정부에 양도하지 않는다.

넷째, '建設-讓渡(Build-and-Transfer, BT)' 방식이다. 事業施行者가 인프라시설에 필요한 財源을 調達하여 建設하고 준공 후 政府가 다음의 조건을 이행할 때 事業施行者가 施設의 占有, 管理運營, 所有權 등 모든 권한을 정부 또는 지방정부에 양도하는 방식이다. 이 방식에는 ① 정부가 총투자비와 적정 수익을 사업시행자에게 지급 완료하는 경우와 ② 정부가 계약상에 명문화되어 있는 상환 스케줄에 따라 총투자비와 적정 수익을 첫 지급하는 경우가 있다.

다섯째, '建設-賃貸-讓渡(Build-Lease-and-Transfer, BLT)' 방식이다. 事業施行者는 인프라시설에 필요한 財源調達과 建設을 승인 받고 시설이 완공되면 시설을 政府機關이나 地方政府에 일정기간 동안 임대를 한다. 임대기간이 끝나면 시설에 대한 소유권은 자동적으로 시설의 관할권이 있는 정부 또는 지방정부에 시설과 함께 양도된다.29)

여섯째, '契約-追加-運營(Contract-Add-and-Operate, CAO)' 방식이다. 事業施行者는 계약을 통해 特定施設을 政府로부터 임대받고 해당 시설에 대해 새로운 시설을 추가한 후 계약에 의해 확장된 기간 동안 시설의 管理運營權을 갖게 된다. 임대계약기간이 종료되면 추가된 시설의 관리운영권도 정부 또는 지방정부에 양도된다.

일곱째, '開發-運營-讓渡(Develop-Operate-and-Transfer, DOT)' 방식이다. 민간이 소유하고 있는 자산과 인접한 새로운 인프라시설의 개발권을 主務官廳으로부터 부여받아 財源을 調達하여 인프라시설을 建設한다. 건설된 인프

---

29) 2004년도 12월 최근에 民間投資法 改正案의 內容을 보면 이와 유사한 BTL방식 (Build-Transfer-and-Lease, 건설-양도-임대 방식)이 입법예고 되었다. 즉 민간투자사업의 방식 중 민간이 자금투자와 건설위주로 참여하는 방식으로서 BTL방식(개정안 제4조 제2호)을 명문화하고자 하는 것이다. 개정안의 特徵은 BTL방식은 부분별한 사업제안의 방지를 위해서 정부고시사업만 가능하며 민간제안방식은 불허한다는 것이다(개정안 제9조).

라시설은 정부 또는 지방정부에 양도되며, 사업시행자는 인프라시설에 대한 투자를 통해 자신의 자산가치 상승 및 임대료 상승 등과 같은 여러 가지 혜택을 누릴 수 있다.

여덟째, '復舊−運營−讓渡(Rehabilitate-Operate-and-Transfer, ROT)' 방식이다. 現存하는 인프라施設의 改善·復舊, 運營 및 管理權限을 일정한 계약기간 동안 民間事業者에게 넘기는 방식이다. 계약이 만료되면 시설의 관리운영권은 정부로 귀속된다. ROT방식은 일반적으로 현존시설로부터 얻는 수입을 가지고 해당시설을 복구, 개선, 운영하는 방식을 말한다.

아홉째, '復舊−所有−運營(Rehabilitate-Own-and-Operate, ROO)' 방식이다. 현존하는 施設物의 所有權이 民間事業者에게 넘어간 후 해당 시설에 대한 改善 및 復舊가 이루어지고, 사업자에 의해 運營되는 방식이다. ROO방식에는 소유권에 대한 시간적 제약이 없으며 시설운영권자는 법률을 위배하지 않는 한 계속해서 운영권을 행사할 수 있다.

第2節 우리나라 民間投資法制의 沿革

Ⅰ. 意義 및 背景

우리나라도 경제개발계획 이후에 경제규모가 확대되면서 도로·철도·항만·공항시설·전력·용수·하수처리시설 등 社會基盤施設의 부족하였고 따라서 인프라施設의 부족을 해결하기 위한 투자재원의 마련이 큰 고민이었다. 특히 1990年代 들어서 국민들의 소득수준의 향상 및 여가 등 복지수요의 증가로 인하여 지방화·개방화도 급속히 진행되었고 福祉, 敎育, 環境 등에 대한 投資需要도 급증함에 따라 정부는 초기 투자재원 부족문제를 해결하기 위한 방안으로서 使用者負擔原則의 적용이 가능한 사업들을 중심으로 민간자본의 유치방안을 모색하였다.

이에 따라 사회기반시설에 대한 민간의 자본투자를 활성화를 하기 위하여 1994년 8월부터 '社會間接資本施設에대한民資誘致促進法(1994.8.3. 법률 제4773호로 제정; 이하 '民資誘致促進法'이라고 한다)'을 制定하였고, 그 후 1998년 12월 '社會間接資本施設에대한民間投資法'으로 법명을 개정하여 新法을 制定 施行한 이래 2004년 現在까지 여러 차례의 改正을 하였고 최근 2004년 12월에 民間投資法의 개정안이 국회에 심의되고 있다.

본절에서 '社會間接資本施設에대한民資誘致促進法'과 '社會間接資本施設에대한民間投資法'의 改正過程 및 主要內容을 살펴보기로 한다.[30]

Ⅱ. 社會間接資本施設에 대한 民資誘致促進法의 制定

1. 制定 背景

'社會間接資本施設에대한民資誘致促進法' 제정이전 민간투자사업의 대부분은 도로·항만 등 일부부문에 대하여 有料道路法·港灣法 등 개별법에 의거하여 사업이 추진되어 체계적인 민간투자사업의 진행이 어려웠다.

이에 따라 정부 각 부처에서 소관 사회기반시설을 민자사업으로 추진하기 위하여 결국 1994년 8월 독립법률로 "社會間接資本施設에대한民間資本誘致促進法"이 제정되었다.

---

30) 우리나라의 민간투자제도는 크게 3段階, 즉 제1단계는 지난 1960년대 초부터 「社會間接資本施設에대한民間資本誘致促進法」이 制定된 1994년 8월까지로서 個別法에 의하여 민간투자가 시행되던 때까지, 제2단계는 民資誘致促進法이 制定된 1994년 8월 이후부터 「社會間接資本施設에대한民間投資法」으로 全面 改正되어 施行된 1999년 4월 1일 이전까지, 제3단계는 1999년 4월부터 현재까지의 시기로서 國家의 認識의 變化에 따른 積極的인 支援과 活性化를 하는 시기로 그 발전과정을 나눌 수 있다.

2. 主要 內容

民資誘致促進法에는 SOC시설에 대한 民間資本誘致를 공통적으로 적용할 수 있는 규정을 담은 基本法으로서 종래 유료도로법·항만법 등 民間資本誘致를 규정하고 있는 법률에 대해 우선적 효력을 갖는 特別法으로서의 性格을 가지고 民資誘致 대상 SOC시설을 1種施設과 2種施設로 구분하였는데, 1종시설은 도로, 철도, 항만, 공항, 댐, 상하수도 등으로서 시설완공 후 소유권을 국가에 귀속시킨 뒤 사업시행자에게 무상사용권을 부여하는 시설로 규정하였고, 2종시설은 관광단지, 유통단지 등의 시설로서 완공 후 사업시행자에게 소유권이 인정되는 시설로 규정하였다.

民資誘致促進法의 主要內容을 살펴보면 ⓐ 민자유치 대상 SOC시설의 범위를 넓히되 公共性이 강한 최소한의 시설만을 기본시설로 정하여 원칙적으로 국가에 귀속시키는 대신 事業施行者에게 동 시설의 무상사용권을 부여함, ⓑ 事業施行者의 選定과 支援內容을 포함하는 基本計劃을 民資誘致事業審議委員會에서 審議·議決토록 함으로써 사업추진절차의 투명성 보장함, ⓒ 각종 認·許可體制 管理와 土地使用權 附與로 事業推進을 용이하게 하고, 차관도입 및 채권발행, 출자총액제한 완화, 각종 조세 및 부담금의 감면 등을 통한 事業推進 支援, ⓓ 안정적인 經營權을 보장하고 使用料決定의 自律化와 附帶事業의 許容 등을 통한 事業施行者의 收益性 保障, ⓔ 재정자금과 금융기관 등의 출연금을 재원으로 하는 産業基盤信用保證基金을 설립하여 사업시행자에 대한 信用保證制度 마련, ⓕ 事業施行者의 경영자율성을 최대한 보장하되, SOC시설의 공공성을 감안하여 법령위반 등의 경우에 한하여 행정처분을 함 등으로 요약된다.[31] 기타 조치로는 민간투자자의 자금부담을 완화하고 소규모 자본도 참여할 수 있도록 하기 위하여 구간, 시설별로 분할 시행 도입, 민간자본의 참여를 촉진하기 위한 각종 행·재정지원 등 유인장치(인·허가의 의제처리, 사업시행자에 의한 토지수용 근거조항 마련, 국·공유재산의 무

---

31) 기획예산처, SOC 民間投資制度 발전방안 연구, 2002. 12., 제8면.

상사용, 세제지원 등) 도입 등이 그것이다.[32]

Ⅲ. '社會間接資本施設에 대한 民間投資法'의 制定 및 改正

政府는 1997년 6월 인프라시설에 대한 종합대책반을 구성하여 民資誘致 綜合對策을 수립하고, 그해 12월 이를 토대로 民資誘致促進法을 "社會間接資本施設에 대한民間投資法"으로 전면 개정[33]하고 이후 IMF 救濟金融時期 等을 거치면서 심각한 인프라시설의 부족현상에 따라서 民間投資法을 개정하였다.[34]

---

32) 그러나 民資誘致促進法이 제정되었음에도 불구하고 民間投資事業의 실적은 저조하였다. 종래 민자유치촉진법에 의한 사업추진의 부진한 이유에 대하여 첫째, 민자유치 대상시설이 제한됨으로써 다양한 사업들이 발굴되지 못하였고, 둘째, 합리적이고 객관적인 기준에 의한 대상사업 선정이 이루어지지 못함으로써 사업성 없는 사업의 추진으로 민간기업이 투자의욕을 가지지 못하였으며, 셋째, 사업추진방식이 국제적 관행에 부합하지 못하여 外國人 投資者들의 관심을 끌지 못하였고, 넷째, 政府·民間·貸主團間의 적절한 리스크 管理 및 分擔體系가 구축하지 못하였으며, 다섯째, 사업추진 경험이 적고 전문 인력과 전문조직이 없었고, 여섯째, 낙후되고 열악한 금융시장으로 인해 財源調達 여건이 조성되지 못하였으며, 일곱째, 담당 공무원들이 감사 및 특혜시비를 의식하여 소극적인 태도를 견지하고 불필요한 절차 등을 두어 사업추진에 많은 시간과 비용이 발생하였고, 여덟째, 수익률 등 사업시행조건이 사업의 특성, 위험의 정도, 사업자의 수행능력 등과 연계하지 못하였다는 점을 들고 있다; 기획예산처, 상게서, 제8면.
33) 民資誘致促進法과 民間投資法의 비교를 하면 民資誘致促進法은 첫째 추진방식의 면에서 1종시설(BTO), 2종시설(BOO)에 따라 투자방식 제한하였으나 民間投資法에서는 시설구분을 폐지하고 투자방식(BTO, BOO, BOT, ROT 등)을 다양화 하였다. 둘째 사업성 검토와 관련하여 전자는 사전검토 절차가 없었으나 民間投資法에서는 타당성조사제도를 신설하였다. 셋째 재정지원과 관련하여 재정지원사유를 단편적으로 규정하였으나 재정지원사유 확대 (최소운영수입 보장 및 매수청구권 신설)등 정부지원을 강화하였다. 넷째 民間投資法에서는 종래에 없었던 전문기관을 국토연구원 내에 민간투자지원센터를 설립하였고 또한 SOC 투융자전담 인프라펀드 설립근거를 마련하였으며 ·신용보증기금으로 일원화하였다.
34) 당시 1998년도 IMD보고서에 우리나라 인프라시설의 질적, 양적 수준은 1997년을 기준으로 조사대상 46개국 가운데 37위를 차지한 것으로 나타났으며 물류비도 GDP의 16.5%로서 미국(10.5%), 일본(8.8%)의 1.5내지 2배를 차지하였으며, IMF 경제위기를 극복하고 국제경쟁력 강화와 대량실업문제의 해결 등을 위해 인프라시설에 대한 투자 확대도 절실하였다.

民間投資法의 개정을 통한 제도 개선이 가지는 意義는 크게 네 가지를 들수 있다. 첫째, 국제적 관행과 법규에 맞는 제도와 사업 추진절차 확립, 둘째, 투명하고 간소한 절차를 마련하여 투자자의 신뢰와 경쟁 유도, 셋째, 적정한투자수익 보장과 합리적 위험분담을 통한 투자의 안정성 확보, 넷째, 민간 창의와 효율을 유도할 수 있는 인센티브 제공 및 민간책임을 명확하게 하여 民間投資制度를 재정립하고, 정부 우위가 아닌 정부와 민간투자자가 서로 대등한 위치에서 사업을 추진하는 체계로 제도의 틀을 바꾸었다는 점이다.

Ⅳ. 現行 民間投資法 運營現況 및 問題點

현재 우리나라는 民間投資法을 중심으로 社會間接資本施設에 대한 民間投資制度가 어느 정도 갖추어져 있으나 아직도 제도의 운영 면에서 미숙함과세부적인 제도의 미흡한 면이 있고 이에 따라서 민간투자자의 입장에서도 사업추진경험의 부족에 따른 사업계획의 수립이나 협상, 재원조달[35]의 면에서운영의 어려운 점이 있는 것은 사실이다.

일부에서는 現行 民間投資制度와 관련한 정책 가운데 "정부의 건설보조금지급과 최소운영수입 보장제도, 불가항력에 대한 손실분담제도, 사업자에 대한 매수청구권 부여"등을 긍정적으로 평가하는 견해[36]가 있다. 그러나 현실적으로는 운영의 면에서 다음의 문제점이 있다.

첫째, 民間投資施設의 높은 使用料 問題에 대하여 是正할 필요가 있다. 기존의 民間投資事業으로 건설된 천안－논산 간 高速國道事業과 인천신공항高速國道事業이 국가인프라건설에 도움을 준 것은 사실이지만 상대적으로높은 이용료로 인하여 부담의 증가로 이어지고 이로 인한 불만으로 저조한

---

35) 2003년도 기준으로 할 때 實施協約이 締結된 國家提案事業의 경우 民間投資가 77%, 政府재정지원이 23%정도이고 民間投資資本比率 중에서 자기자본이 30%, 金融機關 등타인자본이 70% 비율을 가진다.
36) 기획예산처, 前揭書, 78면.

이용37) 그리고 신공항고속국도의 경우 憲法訴願 등 法的 爭訟으로 비화되고 있는 상황이다.

둘째, 현재 건설회사의 민간투자사업의 주도로 인하여 民間投資事業의 長點인 工事費節減이나 運營效率提高 등이 사실상 달성되지 못하고 있다.

셋째, 특히 2004년도 최근에는 수요예측이 부정확한 상태임에도 국가경제의 회생을 위하여 사회기반시설에 대한 민간투자를 활성화하고자 무리한 政府主導의 民間投資事業의 實施로 인하여 事業施行過程에서 지나친 最小運營收入保障約定38) 및 長期間의 管理運營權行使期間의 약정으로 인하여 준공 후 적자운영을 하고 이에 따른 현실적으로 國庫만 낭비되고 있다는 지적39)이 많다.

---

37) 최근 2004年初에 개통된 예술의 전당 우면산 터널 민자사업의 경우 예측수요량의 5분의 1(1일 예상 52,000대의 차량통과 예상, 실제 2004년 기준 하루 통행량은 11,000대) 정도조차 되지 않아 민간사업자에게 최소운영수입보장약정에 따라 251억 원을 지원해 국고가 낭비되고 있다고 보도된 바 있다.

38) '最小運營收入保障'이란 당초 계획한 운영수입이 부족할 경우 예상수입액의 일정비율을 政府가 보장해주는 것이다. 그런데 최소 운영수입 보장약정의 실태를 보면 인천국제공항고속국도(90%-20년), 천안－논산 고속국도(90%-20년), 우면산터널(90%-19년), 일산대교(90%-30년), 인천국제공항철도(90%-30년) 등이다.

39) "정부가 내년부터 사회간접자본(SOC) 및 사회복지시설 投資에 연기금 등 民間資本을 대거 활용하려는 계획이 장기적으로 국가 재정에 큰 부담이 될 것이라는 지적이 나오고 있다. 실제로 감사원이 최근 SOC民間投資制度 운용 실태에 대해 감사를 벌인 결과 SOC 운영에 따른 손해를 政府가 재정에서 지원하도록 돼 있는 계약에 따라 거액의 國民 세금이 지원되고 있는 것으로 밝혀졌다. 27일 재정경제부 등 관계당국에 따르면 政府는 내년 경기 진작을 위해 '뉴딜적 종합투자계획'을 추진하면서 연기금 등 民間資本을 대규모로 유치하는 방안을 추진하고 있다. 민자유치규모와 관련해 재경부에서는 7조~8조원이 거론되고 있다. 정부는 "연기금 수익률이 떨어지고 있는 상황에서 政府가 일정 수익률을 보장해 주면 연기금으로서는 수익률이 높아지고 政府는 꼭 해야 할 사업을 民間資本을 통해 할 수 있다는 점에서 바람직한 방안"이라고 설명한다. 그러나 경제전문가들은 政府가 민간투자 사업에 대해 일정 수익률을 보장해 줘야 한다는 점 때문에 비효율적이고 비생산적인 사업이 무리하게 추진되면 장기적으로 국가 재정을 압박할 것이라고 경고하고 있다. 1월 現在 추진 중인 17개 민자 도로 터널사업만 하더라도 政府가 2001년부터 2038년까지 '최소 운영수입 보장금'으로 모두 12조 5,970억 원을 부담해야 할 것으로 감사원은 예상했다. 政府는 민자 도로에 대해서도 지난 한 해 동안 △천안~논산고속도로 494억 원 △인천국제공항 고속도로 1,050억 원 △광주 제2순환로 68억 원을 지원했다. 지난해 12월 개통된 서울 우면산터널에 대해서는 올해 251억 원 정도를 지원할 예정이다. 더욱이 政府 방침대로 민간투자 대상에 SOC뿐만

이와 같은 民間投資制度의 問題에 대한 改善策으로 "SOC 민간투자 활성화 기반조성을 마련하고, 민자시설 使用料의 상한 설정, 운영수입보장기간 및 수준의 합리적 조정, 투자재원조달의 다변화, 민자사업추진 및 관리시스템의 개선" 등40)이 거론되고 있다.

第3節 外國의 民間投資法制

본 절에서는 民間投資事業에 관하여 比較法的인 차원에서 民間投資法制에 관한 외국의 制度 및 法規, 政策 등에 대하여 살펴보고자 한다. 특히 民間投資制度가 잘 발달되어 있는 英國의 경우 2004年度의 民間投資制度標準化(Standardization, PFI 標準契約書 HM Treasury Standar-disation of PFI Contracts version3)) 및 標準契約書 施行指針의 內容을 중심으로 살펴보기로 한다. 둘째, 유럽聯合에 있어서 民間投資事業政策(Green Paper on Public-Private Partnerships and Community Law on Public Contracts and Concessions)에 대하여 2004년 4월 30일자 브뤼셀에서 있었던 유럽공동체 위원회의 보고서를 중심으로 살펴본다. 셋째, OECD에 있어서의 民間特許契約(實施協約)의 基本要素(Basic Elements of a Law on Concession Agreements)에 대하여 OECD 報告書의 內容을 검토해 본다. 넷째, 프랑스, 日本, 그리고 美國의 民間投資法制를 순서로 他國의 法制度에 대하여 살펴본다.41)

아니라 노인요양시설, 보건의료시설, 학교시설 등 '공공성'이 강한 분야까지 포함될 경우 재정 압박은 더욱 커질 것으로 보인다. 모 대학의 모 교수는 "政府가 추진 중인 연기금을 통한 SOC 投資는 언뜻 보면 政府와 연기금에 모두 좋은 방안인 것처럼 보이지만 실제로는 급증하고 있는 국가부채 문제를 감추기 위해 재원조달 방식만 바꾼 것"이라고 비판했다.[동아일보 2004. 10. 28.자 기사]

40) 안도걸, SOC 민간투자제도 개선, 기획예산처 나라경제, 2003. 6., 82-83면.

41) 특히 유럽聯合에 있어서 PPP정책과 OECD에 있어서의 民間特許契約書의 指針 및 英

Ⅰ. 英國의 民間投資法制

英國의 民間投資制度(PFI: Private Finance Iintiative)[42]는 1992년에 재무장관이었던 Norman Lamont에 의하여 도입되었고 이후 1993년 민관합동위원회(Private Finance Panel)을 설치하고, 1994년에는 모든 공공사업에 PFI 적용여부를 의무적으로 검토하게 하는 보편적 심사(Universal Testing)제도를 도입하였으나 민간투자가 활성화되지는 못하다가 1997년 PFI제도에 관하여 'Bates Review'를 수립[43]하면서 크게 발전하였고 이후에 프로젝트팀의 기능은 1999년 Bates의 2차 권고안에 따라 공사공동사업기구('Partnerships UK')로 재편되었으며, Task Force의 정책기능은 OGC(Office of Government Commerce)로 재편되었다.

1. 英國의 PFI法制의 發展

영국의 PFI시장의 발전형태는 계약의 표준화, 사업의 그룹화(Batching)[44], 차환(Refinancing)[45], 사업운영권 및 채권만기의 장기화(Longer maturity), 투자지

國의 實施協約 PFI 標準契約書는 우리나라에서 民間投資事業을 시행할 때 특히 施設事業基本計劃의 告示 및 實施協約 締結時에 많은 도움이 될 것으로 보인다.

42) 영국에서는 '民間投資制度'를 통상 'PFI(Private Finance Initative)'라고 한다.

43) 당시 PFI 패널이자 Pearl Group의 회장이던 Malcolm Bates에게 의뢰하여 29개 항목의 개선방안이 수립되었다. 주요內容은 기존 PFI 패널제도를 폐지하고, 재무부 내에 民間 프로젝트 전문가 및 재무전문가로 구성된 Task force를 설치하고, 사업계획의 관보(Office Journal)게재, 계약조건, 입찰서류의 표준화(Standardization), Universal Testing 제도의 폐지, 공정하고 투명한 절차에 의한 사업 우선순위의 제시 등이다.

44) 사업시행자에게 발생하는 경제적 부담을 줄이고자 사업시행자가 가급적 거래의 규모를 대형화하여 PFI 추진절차에서 소요되는 고정비용 부담을 축소하고자 다수의 사업을 그룹화하고 이를 대상으로 금융을 조달하는 구조를 말한다. 이와 같은 Batching구조는 학교, 병원 등과 같이 개별거래의 규모가 비교적 작은 경우에 많이 사용된다. 그 예로서 영국의 Glasgow, Edinburgh School 등의 교육시설을 들 수 있다.

45) 차환(Refinancing)이란 PFI 시장 초기에 계약된 사업들이 건설이 완료되고 운영실적에 대한 긍정정인 평가를 받는 경우 기존에 조달한 차입금을 다양한 방식으로 완화시키는 절차를 말한다. 이와 같은 금융조건 완화는 PFI 투자지분에 대한 현금흐름(배당 등)을 안정화시킬 수 있게 되어 PFI투자지분의 가치를 상승시키게 되는 효과를 창출한다.

분 및 채권 유통시장 (Secondary market)의 발전 등을 들 수 있다. 특히 표준화 작업은 PFI시장에 참여하고자 하는 사업자들의 입찰비용을 절감 및 정부의 조달기능을 효율적으로 지원하기 위하여 설립된 상무부(Office for Government Commerce; OGC)와 공사공동사업기구(Partnership UK; PUK)에 의하여 PFI 계약의 표준화 작업을 지속적으로 수행하고 있다.

2. 英國의 PFI 事業推進方式 및 節次

영국의 PFI 사업추진방식은 세 가지로 요약될 수 있는데, 첫째 獨立採算型(料金徵收型), 둘째 서비스提供型, 셋째 民官協助型(Joint Venture)이 그것이다. 독립채산형(요금징수형)은 民間部門이 시설의 건설 및 운영을 담당하고 최종 수요자로부터의 이용료 수입으로 비용을 회수하는 방식이고, 서비스제공형은 民間部門이 공공시설을 건설 운영하여 서비스를 제공하고 公共部門으로부터 사업비용을 회수하는 방식46)이며, 민관협조형(Joint Venture)은 政府와 民間部門이 공동으로 출자하여 추진하나 民間部門이 사업전반에 대하여 책임을 갖고 추진하며 이 경우 民間部門은 반드시 경쟁을 통하여 선정하고 政府의 출자범위 및 위험분담은 명확해야 할 것이다. 이 경우 정부의 출자의 방법은 대출, 지분투자, 정부자산의 이전, 부대사업, 보조금 지원 등 여러 가지가 있다.

영국의 PFI 사업추진절차는 2단계 절차 즉 ① 민간투자대상사업선정절차 (사회기반시설에 대한 필요성을 인식하고 나서 자금의 유용성(VFM, Value For Money)을 검증한 후 民間投資事業의 실시여부를 결정하며 당해 民間投資事業의 특성을 감안하여 사업시행자선정계획을 수립하는 절차로 구성된다.

영국의 경우에는 Refinancing이 성공한 대표적인 예는 1995년 사업이 추진되어 건설이 완료된 후 1999년에 Refinancing을 실시한 Fazakerley Prison Service Limited (FPSL) 사업을 들 수 있다.

46) 예를 들면 民間部門이 노인들을 위한 숙소제공 및 보호, 民間部門이 병원에 신장투석 서비스제공, 정부에 대한 교도소 시설공급 등을 들 수 있다.

이때 대안에 대한 평가, 사업사례작성, 프로젝트 팀 구성, 입찰절차수립이 이루어진다)를 거쳐 ② 사업시행자선정절차(당해 PFI 사업에 대한 참여의향서 제출요청을 유럽관보(Official Journal of the European Community; OJEC)에 공고하여 참여의향서를 제출받고 이를 평가하여 입찰적격자명단(Long-list)을 결정하고 이들을 대상으로 약식입찰서(Indicative bid)를 제출받아 이 중에서 서너 개 정 도의 입찰대상자(Short-list)를 선정하여 사업을 평가하여 협상을 실시하여 최종제안서(Best and Final Offer)를 평가한 후 우선협상권자를 지정하여 최종 조율 및 자금제공자와의 협의를 통하여 계약을 締結하고 사업을 시행하게 된다.

3. 英國의 PFI 契約標準化指針 및 PFI 標準契約書47)

최근 영국 재무부에서는 민간투자계약에 관하여 PFI 표준계약서(HM Treasury Standardisation of PFI Contracts version 3)48)를 마련하였다. PFI 정책 담당자인 Geoffrey Spence가 발표한 2004년도 4월 29일자 영국의 PFI 계약표준화 지침(SoPC의 지침, Implementation of Standardisation of PFI Contacts)49) 중 특징을 보면 다음과 같다. 즉,

① 본 표준계약서는 公共部門과 및 民間部門 양쪽 모두 자유롭게 이용 가능할 수 있는 '民間投資標準契約書'이고, ② 가능한 최단시간 내에 민간투자계약 전체를 충족시키는 단일 계약서로 기능하기 위하여 2004년 5월 14일부터 民間投資標準契約書(SoPC)의 신버전(3판)을 모든 민간투자프로젝트를 추진하는 主務官廳과 참여자들에게 사용하게 하며, ③ SoPC 최신버전(3판)에서

---

47) 우리나라는 1998년 民間投資法을 단행법으로 제정하고 뒤에서 볼 일본의 경우에도 'PFI 추진법'의 성문법을 제정하여 民間投資節次를 시행하고 있음에 반하여, 영국(호주 및 캐나다 등도 마찬가지)의 경우에는 '民間投資指針'(Guideline)을 수립하여 시행하는 구조로 되어 있다.

48) 영국의 PFI표준화 지침은 'www.hm-treasury.gov.uk' 본 웹싸이트에서 발췌한 것이다.

49) 본 문서는 民間投資制度(PFI)를 이용할 때 사용되는 계약표준계약서로서 이는 영국 재무부(HMTreasury)에 의해서 세 번째로 수정된 표준계약서이다.

변경된 규정들이 기존에 진행 중인 계약에서도 사용될 것이고, ④ 기존에 각 개별 부처에서 만든 부문별 표준계약지침은 재무부의 본 民間投資標準契約書에 흡수되며, ⑤ 다른 특정 분야의 민간투자개별계약의 경우 재무부의 민간투자표준화지침과 합치하는 경우 경제적 혜택을 줄 수 있고 재무부에서는 모든 특정개별계약서를 6개월 내에 재검토하여 내용에 대해서 새로운 승인절차를 행하며, ⑥ 개별부문민간투자계약이 실용적이거나 이익이 되더라도 표준계약서에 벗어나지 않아야 하며 만일 예외적으로 표준계약에서 벗어나야 하는 경우에는 영국 재무부에 의해서 이를 승인받아야만 하고, ⑦ 자치단체의 관계자 즉 主務官廳에서는 민간투자프로젝트심사단에서 모든 民間投資事業에 대한 심사를 할 때 영국 재무부가 만드는 民間投資標準指針을 준수할 것을 선결조건으로 해야 하며 영국 재무부는 민간투자표준계약지침을 준수하는지를 지속적으로 감시한다.

財務部는 民間投資事業에 公共部門에 參與를 조장하고 民間投資節次에 참여시 투입되는 시간과 비용을 현저히 줄이기 위하여 재무부 웹사이트를 통해서 최신 버전의 민간투자표준계약서(SoPC)를 만들어 공급하면서 民間投資事業의 표준화를 강력히 시행하고 있는데 위 PFI 계약표준화 지침에 기한 영국의 PFI 표준계약서(SoPC)는 2004년 4월에 세 번째로 수정된 것이고 PFI 표준계약서의 주요내용50)은 35조로 되어 있다.

---

50) 그 구성을 보면 '서론'(Introductin), '계약기간'(Duration of contract), '사업의 시작'(Service commencement), '기존 사업에 대한 보호'(Protections against late service commencement), '사건의 발생'(Supervening events), '정보의 보증' (Information warranties), '公共서비스의 필요성과 유효성'(Service requirements and availability), '유지管理'(Maintenance), '감시·감독'(Performance monitoring), '가격과 使用料의 구조'(Price and payment mechanism), '지불과 상계'(Payments and set-off), '사업의 변경'(Change in service), '법의 변경'(Change in law), '가격의 변동'(Price variations), '제3계약자와 피용자' (Sub-contractors and employees), '양도'(Assignment), '소유권의 변경'(Change of ownership), '종료' (Termination), '사업 기간의 종료와 시설의 처리'(Treatment of assets on expiry of service period), '해지'(Early termination), '해지지불 조건과 정산'(Calculation and payment of early termination payments), '소멸과 종료의 개관'(Surveys on expiry and termination), '보상·보증·계약청구' (Indemnities, Guarantees and Contractual claims), '보험'(Insurance), '정보와 비밀'(Information and Confidentiality), '지적재산권'(Intellectual property rights), '紛爭해결'(Dispute resolution), '主務官廳의 개입'(Authority step-in), '기타 조항'(Miscellaneous

民間投資制度가 가장 잘 발달되어 있다는 평가를 받는 英國의 경우 재무부에 의하여 公共部門과 및 民間部門 양쪽 모두 자유롭게 이용 가능한 최신 버전의 민간투자표준계약서를 재무부 웹사이트를 통해서 공급하고 이를 통하여 민간과 公共部門의 양자에 대하여 民間投資事業의 효율성을 담보하고 있는 것이 특징이다.[51]

Ⅱ. 유럽聯合法에서의 PPP 法制[52]

1. 意 義

2004년 4월 30일자 브뤼셀에서 있었던 유럽공동체 위원회의 보고서에 나타난 유럽연합에 있어서 民間投資事業정책 (Green Paper on Public-Private Partnerships and Community Law on Public Contracts and Concession) 즉 '유럽연합에서의 民間特許契約'에 대하여 살펴보면, 제1장 '民間投資制度의 發展 (The development of the public-private partnership: findings and challenges)', 제2장 '公共契約과 特許契約에 있어서의 共同體法과 民間投資契約(Purely contractual PPPs and Community law on public contracts and concessions)', 제3장 '公共契約과 特許契約에 있어서의 共同體法과 民間投資制度의 制度化 (Institutionalised PPPs and the community law on public contracts and

---

provisions), '직접 계약'(Direct agreement), '토지 및 다른 재산적 권리'(Land and other property interests), '프로젝트 파이낸스의 변경 및 대안'(Alternatives to and variants of project finance), '확약증서'(Commitment letters), '하위계약과 재정문서에 대한 실사' (Due diligence over sub-contracts and financing documents), '재금융'(Refinancing)의 순서로 되어 있다.

51) 이에 반하여 우리나라 民間投資制度의 시행에 있어서 '실시협약표준지침'도 없을 뿐만 아니라 主務官廳은 기존에 이루어진 實施協約案에 대하여 공개하지 않는 것이 현실이다. 따라서 영국의 위 표준협약안의 표준계약서처럼 우리나라의 경우에도 이를 정책적으로 받아들일 필요가 있다고 본다.

52) 보고서의 원제목은 "Commission of the European Communities Brussels, 30. 4. 2004. COM (2004)327 final. 'reen Paper on Public-Private Partnerships and Community Law on Public Contracts and Concessions (presented by the Commission)' "이다.

concessions)', 제4장 '結論(Final remarks)'로 구성되어 있다.

본 보고서의 주요목적은 첫째 유럽공동체에서 民間投資制度 현상에 있어서 공공계약과 特許에 관하여 공동체법을 적용할 수 있는지 여부, 둘째 공동체법이 민간파트너를 선택하고 불확실요소를 확인해서 民間投資制度의 강제적이고 특징적인 성격에 공동체법이 잘 적용되도록 분석하는 것이다.

2. 構成 및 主要內容

가. 民間投資法制의 發展

본 장에서는 (1) 民間投資制度의 현상(The public-private partnership phenomenon), (2) 효과적인 경쟁과 법적 근거의 조건하에서 발전하기 위한 내부시장을 위한 임무(The challenge for the Internal Market: to facilitate the development of PPPs under conditions of effective competition and legal clarity), (3) 본 보고서의 특정 목적과 계획(Specific aim and plan of this Green Paper)의 3개의 주제로 되어 있다.

(1) '民間投資制度의 현상'과 관련하여, 民間投資制度라는 용어는 유럽공동체 수준에서 정의되지 않은 것이고, 일반적으로 공공기관과 民間部門(사회간접자본시설이나 용역의 공급에 있어서의 금융, 건설, 재건축, 관리 내지 유지를 하는 民間部門)의 협력형태이다. 民間投資制度의 특징의 요소를 요약하면 ⓐ 공공 프로젝트의 公共部門과 民間部門 사이의 협력을 포함하여 상당히 긴 기간이 소요될 것, ⓑ 사적 금융방법과 구별되는 여러 참가자로 이루어진 복잡한 제도의 수단으로서 구성되는 공공프로젝트의 기금조성방법을 사용할 것, ⓒ 공공프로젝트 실행의 각 단계에서 참가하는 경제적 활동가들의 역할이 매우 중요한 것, ⓓ 公共部門과 民間部門 사이에서 위험을 분담할 것 등이다. 이러한 民間投資制度는 公共部門 내의 많은 분야에서 발전하여 왔으며, 유럽공동체 회원국들의 공공기관에서는 주로 교통, 의료, 교육, 국가안보 등의 분야에 기반시설을 만들기 위해서 民間投資制度를 종종 이용해왔다.

(2) '효과적인 경쟁과 법적 근거의 조건하에서 발전을 하기 위한 내부시장을

위한 임무'와 관련하여, 유럽공동체법에서는 民間投資制度를 직접적으로 규율하는 법률은 없으나, 어느 공공단체가 제3자에게 경제적 활동 조항을 부여하기 위해서는 유럽공동체조약 제43조에서 제49조의 조항과 관련된 시설의 공급의 자유, 설립의 자유 원칙 등의 규율을 받게 된다.53) 특히 공공계약 締結을 위한 절차에 관한 준칙(Directive)이 세부적인 규율을 한다. 유럽의회는 공동체위원회에게 特許와 民間投資制度의 여러 형태를 규율하는 준칙안(draft Directive)의 채택에 대한 가능성을 조사하게 하였고 유럽경제사회위원회도 마찬가지로 같은 입법을 요구하였다.

(3) 본 보고서의 특정 목적과 계획과 관련하여, 본 보고서는 民間部門과 公共部門이 계약적으로 결합하는 형태와 완전히 단일화되어 하나의 단체로서 제도적으로 활동하는 것을 명확히 구별하고 있다.

나. 公共契約과 特許契約에 있어서의 共同體法과 民間投資契約

(1) '민간사업자 선택의 측면'(Phase of selection of the private partner)에서는 순수한 계약적 참여자는 두 가지 형태 즉 공공계약(Purely contractual partnership: act of award designated a 'a public contract')54)과 特許契約(Purely contractual partnership: act of award designated as a 'concession')의 두 가지로 나누어 볼 수 있다. 유럽위원회의 시각에서는 순수한 계약적 民間投資制度가 회원국법 (national law)속으로 의견교환을 통하여 절차화되는 경우에는 각 부문 경제활동가의 기본적인 권리를 보호함고 동시에 공공계약 민간투자제도를 이용하는 참여 당사자들에게는 이익이 줄 것이라고 판단한다. 特許契約과 관련된 民間投資制度에 관한 법규는 공동체조약 제43조에서 제49조로부터 나오는 원칙에 근거한다. 민간특허에 적용되는 유럽공동체법은 각 회원국들의 입법의 통일이 없는 상태에

---

53) 특히 본 공동체 조약은 투명성, 취급의 평등, 비례성, 상호주의 원칙을 포함하고 있다.: Interpretive Communication of the Commission on concessions in Community law, OJ C 121, 29 April 2000.

54) Purely contractual PPPs라는 용어는 여러 부문사이의 계약적으로만 연결되어 참가하는 것을 의미한다.

서의 일반적인 의무규정에서 나온다.

(2) '민간주도형 民間投資制度의 구조에 있어서 경제적 활동가의 선택에 관한 몇 가지 문제들'(Specific questions relating to the selection of an economic operator in the framework of a private initiative PPP)과 관련해서는 어느 民間部門에서 특정 PPP 프로젝트의 주도권을 갖는 형태의 실행이 회원국사이에서 최근 많이 행해져 왔다. 이러한 실행은 경제적 활동가들이 초기 단계에서 자발적으로 기꺼이 특정프로젝트에 투자하는 것을 가능하게 한다.

(3) '민간사업자의 선택 후의 측면'(The phase following the selection of the private partner.)과 관련해서는 '민간투자프로젝트의 계약구조'(The contractual framework of the project)와 '특정 업무에 있어서 하위계약'(Sub-contracting of certain tasks)으로 나누어진다. 특정 프로젝트의 계약구조를 보면 먼저 민간투자계약의 이행단계를 규율하는 계약법규정은 각국의 법규정에서 유래한다. 그러나 계약조항은 공동체법의 관련법규 특히 평등대우와 같은 조항에 합치해야만 한다. PPP 프로젝트의 성공은 당해 프로젝트의 계약구조를 얼마나 잘 이해하고 또한 계약의 이행을 지배하는 요인들에 대하여 최적의 정의를 부여하는 데 달려 있다. 또한 公共部門과 民間部門 사이에서 위험분배에 대하여 가장 합리적이고 적정한 배분을 하였는지 여부가 당해 사업의 성공에 결정적이다.

또한 민간사업자가 시설의 건설이나 용역의 제공에 착수한 때에는 그 기간 동안에 당해 프로젝트의 경제적 재정적 안정성을 보장할 필요가 있기 때문에 조건을 변경해서는 아니 된다.55) PPP의 실행단계에 있어서 실시협약서에 기재되어 있지 않은 경우 당해 사업의 실행과정에서 변경될 수 있다.

민간사업자의 경우에는 특정 업무에 있어서 하위계약을 체결할 수 있다. 다만 제3자에게 하위계약을 체결하는 경우에는 이를 주주들에게 설명해야 한다.

---

55) 어떤 프로젝트에서는 당해 프로젝트에서 발생하는 재정흐름이 일정수준 이하로 떨어지는 경우에는 금융기구에서 프로젝트 매니저를 교체할 권리를 가지는 경우가 있다.

다. 公共契約과 特許契約에 있어서의 共同體法과 民間投資制度의 制度化

본 장에서는 (1) 公共部門과 民間部門에 의하여 임시적으로 결합된 실체를 만드는 경우의 민간투자(Partnership involving the creation of an ad hoc entity held jointly by the public sector and the private sector), (2) 민간활동가에 의한 공공실체의 통제(Control of a public entity by a private operator)로 나누어진다.

본 보고서의 목적과 관련이 있는 부분으로서 제도화된 民間投資制度는 公共部門과 民間部門의 결합에 의한 조직을 설립하는 것이 인정된다. 직접적으로 公共部門과 民間部門이 자신의 주주들의 동의하에 새로운 協同組合(cooperation) 등의 법인을 만드는 것은 행정관청에게 당해 사업에 대한 고도의 통제권을 부여하는 방식이다.

제도화된 民間投資制度는 위에서처럼 民間部門이 公共部門과 법인 등의 실체를 새로 구성하는 경우와 현재 진행되는 公共部門의 일에 민간부문이 참가하는 두 가지의 형태로 나눌 수 있다.

3. 檢 討

본 보고서의 중요한 내용을 요약하면 본 보고서는 유럽연합에 있어서 民間投資制度에 대하여 상황 및 유럽연합에서의 법적 근거를 밝히고 民間投資制度의 운영, 목표 및 계획에 대하여 방향을 제시하고 있다. 특히 본 보고서는 民間投資制度의 의의 및 특징에 대하여 서술하고, 民間投資制度의 법적근거를 유럽연합에서의 공동체조약 제43조에서 제49조에서 구하고 있고 또한 사업시행자의 지정 및 시행방식에 있어서 民間部門과 公共部門이 계약적으로 결합하는 방식과 계약체결방식과 완전히 단일화되어 하나의 법인 등의 단체로서 활동하는 방식으로 나누고, 또한 계약체결도 공공계약과 특허방식으로 나누었다. 특히 민간투자계약의 성공요건은 민간과 공적부문 사이에서 합리적인 위험의 분담과 최적의 구조를 달성하는가에 따라 달려 있음을 제시하였다.

Ⅲ. OECD에 있어서의 民間特許契約의 基本要素

1. 意 義

'OECD에 있어서의 民間特許契約의 基本要素(Basic Elements of a Law on Concession Agreements)'라는 주제를 가지고 OECD 보고서56)를 중심으로 살펴보기로 한다.

OECD의 본 보고서는 '민간투자계약의 기본요소'에 대하여 제Ⅰ장 본 법의 적용범위 및 정의(Scope of the law and definitions), 제Ⅱ장 민간투자계약(實施協約)(The concession agreement), 제Ⅲ장 계약자의 선정(Selection of the contractor), 제Ⅳ장 유효성(Validity), 제Ⅴ장 實施協約의 내용(Contents of the concession agreement)으로 구성되어 있다.

OECD의 본 보고서는 '민간투자계약의 기본요소'에 대하여 아래와 같이 구성하고 있다.

2. 構成 및 主要內容

먼저 첫째 제Ⅰ장 '法의 適用範圍 및 定義'와 관련하여 '본 법은 實施協約을 締結하는 계약당사자의 권한, 계약자들의 선정절차, 實施協約의 내용 등을 규율한다'고 규정하고 있다. 또한 용어의 정의와 관련하여 Bidder(응찰자 내지 사업제안자), Concession Agreement(實施協約), Contractor(계약자), Contracting Authority(主務官廳), Designated Loan Financing(금융계약) Infrastructure(사회기반시설) 등을 정의하고 있다.

둘째 제Ⅱ장 民間投資契約(實施協約)과 관련하여 ⓐ 主務官廳은 개인들과 실시협약체결권, 부속계약체결권, 금융계약체결 등의 권한이 있고, ⓑ 實施協約은 관계당국을 구속하는 힘을 가진다고 규정하고 있다.

---

56) Multilateral centre for private sector development istanbul. 4. 6. 2004. COM (2004) 327 final. "Basic Elements of a Law on Concession Agreements"

셋째 제Ⅲ장 계약자의 선택과 관련하여 계약자를 선정할 때 사업제안자를 차별해서는 안 된다. 主務官廳은 사업제안자가 제출한 모든 사업계획서 중에서 법적 요건을 갖추고 가장 적합하다고 인정하는 것이 미리 선정하여 공식적으로 발표를 한다.57) 사전선정과 관련하여 모든 사업제안자는 ① 제안된 實施協約을 이행할 수 있는 적합한 전문적·기술적 자격, 장비, 시설, 금융재원 등을 갖추어야 하고, ② 적합한 관리적 조직적 능력을 갖추어야 한다.

'事業提案書 要求節次'(Procedures for requesting proposals)와 관련하여 主務官廳은 일정한 리스트에 있는 사업제안자에게 상세한 제안서를 요구하는 것이 원칙이다.

사업제안자의 기술적 제안에 대한 평가 및 비교를 위한 기준(Evaluation criteria)은 ① 기술적 건전, ② 작동의 용의성, ③ 용역의 품질 및 지속성을 담보할 수 있는 장치, ④ 환경적 보호, ⑤ 당해 제안으로 인하여 잠재적으로 제공 가능한 사회적·경제적 발전 등이다. 또한 사업제안자의 재정적·상업적 제안의 비교 평가 기준은 ① 당해 實施協約에서 계약자가 부담하는 사업제안서의 총량의 현재가치, ② 主務官廳 또는 계약자가 부담하는 지불액의 현재가치, ③ 설계 및 공사비, 운영 유지비용, 금융비용, ④ 主務官廳이나 다른 公共部門에서 지원될 금융지원액, ⑤ 제안된 재무적 관리의 건정성, ⑥기타 계약조건의 수용정도 등이다.

主務官廳은 가장 적합하다고 판단되는 때에 모든 사업제안자들로부터 받은 사업제안서를 위 기준에 따라 평가하여 최종협상자를 선정한다. 58)

넷째 제Ⅳ장 有效性(Validity)에서는 實施協約의 유효성 및 사업성 판정의 재검토와 관련하여 主務官廳 등 정부에서는 實施協約締結을 위한 계약서 및 선정절차를 재검토할 권한을 가지고 있다.59) 즉 당해 實施協約이 기존이 법규 및 OECD 보고서의 절차를 충족시키고 있는지 여부를 심사할 수 있다.

---

57) 이러한 'Pre-Selection'(사전선정)은 우리나라 民間投資法上 '優先協商對象者 選定'과 유사하다고 볼 수 있다.
58) 이것은 "Selection of Bidder or Bidders 단계"이다.
59) 이것은 "Review of project award and validity of the Concession agreement 단계"이다.

다섯째 제Ⅴ장 實施協約의 내용(Contents of the concession agreement)과 관련하여 ① 당사자의 사적 협상(Party autonomy), ② 實施協約의 요소(Elements of the Concession Agreement)로서 계약자에 의해 제공되는 서비스와 이행해야 할 작업의 범위, 實施協約締結의 정지조건, 실시협약기간, 인적 물적 자산에서의 당사자의 재산적 이익, 공사기간, 제한조건, 계약자의 제3자에 대한 지속적 비차별적 공급 의무, 계약자의 관리징수권, 主務官廳 내지 제3자가 계약자에게 지불하는 지불조건의 조정, 환경보호에 관한 계약자의 의무, 主務官廳의 토지와 시설물 제공의무, 계약자의 계약이행에 대한 主務官廳의 감독권, 實施協約을 종료 내지 재협상의 사유, 어느 일방 당사자의 귀책사유로 인한 대책, 제3자가 건설될 시설물의 운영의 인수, 세금, 實施協約과 관련 협정의 관계, 준거법, 분쟁의 해결, ③ 이익의 보장(Security Interests), ④ 분쟁의 해결(Settlement of disputes), ⑤ 안정조항(Stabilisation Clause)을 언급하고 있다.

3. 檢 討

OECD에 있어서의 民間投資 實施協約에 대한 기본요소의 규정은 우리나라 실무상 實施協約을 締結할 때 참고할 만한 사항으로서 특히 타국에서 민간자본을 유치하는 경우에 국제적인 민간투자의 기본적인 협약조건으로서 기능할 것으로 본다.

Ⅳ. 프랑스의 民間投資法制

1. 意 義

프랑스에서의 '民間投資制度'란 '공적관리(gestion publique)'의 개념으로서 이해될 수 있으며, 민간투자에 관한 2003년 7월 2일자 법률(la loi n° 2003-591 du 2 juillet 2003)이 제정되어 동법률 제6조에 의하여 정부는 '民間投資契約

(contrats de partenariats)'라고 불리는 새로운 유형의 行政契約(contrats administratifs)을 행정부의 '命令을 통하여'(par ordonnance) 民間投資制度의 구체적인 내용을 담을 수 있게 되었다. 위 법률에 의거하여 2004. 6. 16.자로 각부 장관들의 命令(ordonnance)이 제정되었다.[60]

2. 內 容[61]

'민간투자제도'란 사기업들(des entreprises privées)이 일정한 '공공시설(équipements publics)을 기획, 건설, 금융, 관리운영의 일체를 가능하게 하는 제도로서 프랑스에서의 민간투자계약은 '公共市場契約(행정조달계약)'(des marchés publics)도 아니고 '公共서비스위임계약'(des délégations de service public)의 어느 양자도 아닌 특수한 계약으로 설정한다.

프랑스에서 PPP제도의 사용자는 公行政主體 일체(국가 État, 지방자치단체 collectivités locales, 영조물établissements publics)뿐만 아니라 公役務(service public)를 담당하는 私人들까지 포함된다.

통상적으로 프랑스에서 PPP를 채택할 때 네 가지의 주요한 이유가 있다. 즉 1. 공행정주체의 직영사업이 높은 가격의 투자를 예상될 경우, 2. 당해 프로젝트가 고도의 기술적인 수준을 요구할 경우, 3. 당해 프로젝트가 일반 납세자보다도 당해 시설을 사용자에게 더 부담시켜야 할 경우, 4. 민간부분이 관계된 공공단체보다 더 시설물의 이용자에게 높은 서비스의 질을 확보할 수 있는 경우 등이다.

프랑스에서 PPP의 목적이나 기능을 보면 PPP는 각 지역사회가 긴급한 필요(병원, 도로 등)가 있는 상황을 급히 수행하려고 할 때 公共部門과 사인이 가장 잘 상호협력, 이행할 수 있게 해준다고 본다.

---

60) 본 명령의 정식명칭은 'PRÉSENTATION DE L'ORDONNANCE au conseil des ministres du 16 juin 2004'이다.
61) http://www.ppp.minefi.gouv.fr/에서 Les contrats de partenariat entre le secteur public et les entreprises privées의 주요내용을 발췌한 것이다.

민간투자의 주된 실험적인 분야는 부동산(병원, 대학, 박물관), 교통수단(TGV, 도시고속도로, 전차), 환경(쓰레기소각로), 스포츠시설 등이다.

V. 日本의 民間投資法制

1. 日本의 民間投資制度의 導入

일본은 경기침체로 인한 정부의 재정부족 및 기존의 제3섹터 방식에 의한 실패[62]를 보완하기 위해서 통산산업성을 중심으로 1998년 4월 경제대책 각료회의에서 "일본형 PFI"의 추진 등을 포함한 종합경제대책을 결정하였고, 동년 5월 '민간자금등활용에의한공공시설정비등의촉진에관한법률안'을 국회에 상정하여 1999년 7월 법안이 통과되어 결국 1999년에 "民間資金活用에의한公共施設整備促進法"[63](일본에서는 약칭 'PFI법' 이라고 부른다. 이하 PFI법이라고 한다)[64]을 제정하여 1999년 9월 24일부터 시행하면서 民間投資制度를 법제화시켰다. 동법은 1999년 제정·시행된 이래 5차례 개정[65]되었고 현행 PFI법은 2003년 7월 30일자 법률 제132호로 개정되어 같은 해 9월 25일로 시행되고 있다.

1999년 PFI법상의 民間投資事業 방식은 公共部門의 출자와 경영참가를 배제함으로써 民間部門이 경영권을 행사하여 사업을 주도함으로써 公共部門

---

62) 일본은 민간사업자의 사업역량을 公共部門에 도입하기 위하여 「민간사업자의 능력에 의한 특정시설 정비의 촉진에 관한 임시조치법」을 제정하고 1980년대 중반 公共部門과 民間部門이 공동으로 사업을 추진하는 제3섹터 방식을 도입하였으나 지역·도시개발 및 관광·레저시설 등 개발형 제3섹터의 경영악화가 심화되었고 사업의 경영권 및 위험을 대부분 公共部門이 부담하여 경영상태가 악화될 경우 사업주도권을 행사하는 公共部門이 부족자금을 부담하는 현상이 발생하였다.

63) 일본법의 정식명칭은 '民間資金等の活用による公共施設等の整備等の促進に關する法律(平成11年 7月 30日 法律 第117号) 이다.

64) 일본에서는 '民間投資制度'를 PFI (Private Finance Initiative)라고 부른다.

65) 동법률의 주요 개정은 2001년과 2003년도 개정이 중요한 내용을 담고 있다.

의 역할과 참여는 최소화하고 民間部門의 역할을 강조하고 있으며 PFI법은 民間部門의 도입에 있어서 기존의 '민간사업자의 능력에 의한 특정시설 정비의 촉진에 관한 임시조치법'과는 달리 사업에 수반되는 위험을 公共部門과 民間部門간에 합리적으로 분담한다는 점이 차이가 있다.

2003년도 현재 일본의 지방공공단체에 있어서 실시방침이 공표된 PFI 사업의 수는 86개 정도이다.[66)]

2. 日本의 "民間資金活用에 의한 公共施設整備促進法"의 內容

일본의 현행 PFI법의 順序는 "목적, 정의, 기본이념, 실시방침, 특정사업의 선정, 민간사업자의 선정, 객관적인 평가, 지방공공단체의회의 의결, 선정사업의 실시, 국가의 채무부담, 행정재산의 대부, 국유재산의 무상사용 등, 무이자대부, 자금확보 등 및 지방채에 대한 배려, 토지의 취득 등에 대한 배려, 지원 등, 규제완화, 협력, 개발활동 및 기술적 원조 등, 담보부동산의 활용 등, 민간자금 등 활용 사업추진위원회, 위원회의 조직 등"으로 구성되어 있다.

현행 일본의 PFI법의 主要內容을 살펴보면, 제1조 목적 "이 법률은 민간의 자금, 경영능력 및 기술능력을 활용한 공공시설 등의 건설, 유지 관리 및 운영(이들에 대한 기획을 포함)의 촉진을 도모하기 위한 조치를 강구하여 효율적이고도 효과적으로 사회간접자본을 정비하여 국민경제의 건전한 발전에 기여하는 것을 목적으로 한다."라고 규정하고 있고, 제4조 및 제5조에 내각총리대신이 정하는 민간투자의 '기본방침'과 공공시설의 관리자가 정하는 '실시방침'이 있고 이는 각 우리나라의 기본계획과 시설사업기본계획에 대응된다. 다만 후술하는 바와 같이 일본의 기본방침은 그 내용상 방침적인 규정만이 있다. 제9조에서는 일정한 종류 및 금액을 넘는 특정 民間投資事業의 경우에는 미리 지방공공단체의회의 의결을 거쳐야 한다고 규정하고 있다. 제11조에서

---

66) 猪野積, "地方公共團體におけるPFI 事業の現狀と課題", 自治硏究 80卷 3號(通卷 961號), 良書普及會編, 2004, 43面.; 참고로 이 숫자는 실시방침이 공표된 후 중도 포기된 사업은 제외한 숫자이다.

국가가 선정하는 사업에 대하여 국가의 채무부담은 30년을 한도로 한다고 규정하고 있다.

현행 일본의 PFI법의 特徵은 첫째 目的을 구체화시키고 있다. 즉 "민간의 자금·경영 및 기술능력을 활용하여 공공시설의 기획, 건설, 유지관리 및 운영의 촉진"이라는 내용을 목적조항에 기술하고 있어 우리나라의 경우 "민간의 투자를 촉진하여 창의적이고 효율적인 사회간접자본시설의 확충운영을 도모"라고 되어 있는 것과 비교된다. 특히 현행 일본의 PFI법은 제3조에 '基本理念'이라고 하여 "국가 및 공공단체와 민간사업자의 책임분담의 명확화 도모, 수익성의 확보, 민간 기술 및 경영자원 등의 발휘 등"의 내용까지 언급하고 있다. 둘째 민간투자의 대상에 있어서도 현행 일본의 PFI법은 "公共施設等"67)이라는 표현을 쓰고 대상을 특정68)하지 아니하고 있다. 이에 반해 우리나라 법률은 "사회간접자본시설"이라고 규정하고 있다. 앞서본 바와 같이 민간투자의 대상은 사회간접자본시설을 넘어서 사회기반시설 및 인공공물도 일부 포함하므로 "공공시설"이라고 규정하고 있는 일본의 입법례가 보다 더 타당하다고 본다.

셋째 제4조 및 제5조에 내각총리대신이 정하는 '基本方針' 이란 문자 그대로 지침적·방침적 규정으로서 비구속적 행정계획의 성질을 가지며, 이러한 방침에 따른 공공시설의 관리자가 정하는 '實施方針'은 그 내용에 비추어 구속적 행정계획의 성질을 가진다. 우리나라의 경우 民間投資法上 基本計劃은

---

67) 일본 PFI 법 제 2조
   이 법률에 있어서 '공공시설 등'은 다음의 각 호의 시설을 말한다.
   1 도로, 기찻길, 항만, 공항, 하천, 공원, 수도, 수채, 공업용수도 등의 공공시설
   2 청사, 숙소 등의 공용시설
   3 공영 주택 및 교육 문화 시설, 폐기물 처리 시설, 의료 시설, 사회복지 시설, 갱생 보호 시설, 주차장, 지하상가 등의 공익적 시설
   4 정보 통신시설, 열 공급 시설, 신 에너지 시설, 재활용시설(폐기물 처리 시설을 제외한다.), 관광시설 및 연구시설
   5 전 각 호에 내거는 시설에 준하는 시설로서 정령으로 정하는 것. 끝.
68) 일본 구 PFI 법에서는 PFI 대상사업의 범위는 법률에서 명시되어 있으나 사회간접자본시설을 포함하여 과거 公共部門이 담당했던 모든 公共서비스에 대하여 확대할 수 있도록 공공시설 및 이에 준하는 시설로 확대하였다.

그 구체적인 내용까지 정할 수 있게 규정하고 있는 것과 상이하다.[69] 또한 국가의 채무부담의 기간(최장 30년)을 법에서 명시하고 있다.

3. 日本의 民間投資事業의 形態 및 方式

일본의 PFI 사업추진형태는 영국과 마찬가지로 세 가지(독립채산형 내지 요금징수형, 서비스제공형, 민관협조형(Joint Venture))로 요약될 수 있다. 독립채산형(요금징수형)은 民間部門이 시설의 건설 및 운영을 담당하고 최종 수요자로부터의 이용료 수입으로 비용을 회수하는 방식[70]이고, 서비스제공형은 民間部門이 시설을 건설, 운영하여 서비스를 제공하고 公共部門으로부터 사업비용을 회수하는 방식[71]이며, 민관협조형(Joint Venture)은 영국의 JV(Joint Venture)과 유사하나 영국의 경우 정부와 民間部門이 공동으로 출자할 때 民間部門이 사업전반에 대하여 최종적인 운영책임을 갖게 되는 반면에 일본의 민간협조형은 공공사업부문과 민간사업 부문을 명확하게 구분하고 계약締結을 통하여 위험을 분담한다는 점에서 차이가 있다.[72]

일본의 PFI 事業推進方式과 관련하여 PFI법규에는 세 가지 유형 즉 BTO(Build-Transfer-Operation), BOT(Build-Operate-Transfer) 및 BOO(Build-Own-Operate)가 명시되어 적용되고 있다.

일본의 PFI 事業推進節次는 '사업의 발안, 실시방침의 선정, 사업방식의 검토, PFI 사업지정, 사업참가자 모집, 실시설계, 건설 및 운영, 계약(사업자선정 내용공고), 사업자 평가 및 선정, 사업자 선정 공고'의 절차로 진행된다.

건설성과 경제기획청이 제시한 일본 PFI사업의 推進節次는 크게 '대상사업

---

69) 이로 인하여 우리나라의 기본계획의 구속력에 대하여 후술하는 바와 같이 구속력설과 비구속력설이 대립하고 있는 원인이 되는 것이다.

70) 이는 영국의 독립채산형(Financially Free-Standing Project)과 유사하며 주로 유료도로 및 공원시설 등에 이용되는 사업형태이다.

71) 이는 영국의 서비스제공형(Services Sold to Public Sector)과 유사하며 일본 民間投資事業에서 가장 많이 이용되는 것으로 주로 공공병원 및 공공청사 등에 이용되는 사업형태이다.

72) 주로 도시개발사업 및 공항청사 등과 같은 각종 복합시설 등의 개발에 이용된다.

선정절차'와 '사업자선정절차' 및 '계약의 체결 절차'의 3단계로 구분된다.

먼저 ① 民間投資對象事業選定節次에서는 경제분석, 외부경제효과, 공공편익비용분석, 사회간접자본 정비 계획과의 부합성 및 우선투자대상사업 등을 검토하여 대상사업 선정하게 되는데, 특히 VFM 분석, 수요 및 사업화에 따른 효과 등을 고려하여 사업 방식 검토한다. 그리고 ② 사업시행자모집요강을 공시하여 事前審査(Long-list)를 하고, 이에 따라 2차심사(Short-list)를 거쳐 제안서를 평가하여 최종심사(VFM)를 하고, 이러한 심사에 따라서 우선협상권자와 차점자를 선정한 연후에 최종 심사 후 최선의 합의를 얻을 수 있는 민간사업자와 최종적으로 계약을 締結한다. ③ 계약체결 시에는 사업자 선정 후 사업의 내용과 책임 및 역할 분담을 명확히 하기 위하여 사업을 파기하는 경우 등 내용을 협약서에 명시하게 된다.

VI. 美國의 民間投資法制

1. 意 義

미국의 민간투자제도는 '民間委託(Private Delegation)'[73]을 포함하여 공공재나 공공서비스의 생산 및 공급에 있어 정부의 역할을 축소하거나 민간부문의 역할을 증대시키는 '私化(Privatization)'의 맥락에서 이해될 수 있다.[74]

미국에서의 私化는 일종의 '공공의 목적(public ends)'을 가지고 '사적인 수단(private means)'을 사용하는 것을 의미한다고 볼 수 있다.

---

73) 미국 주정부나 자치단체가 직접 수행해오던 사무를 사법인이나 민간단체 또는 개인에게 맡겨 그의 명의와 책임하에 처리되도록 하여 공공의 목적을 달성하는 형태를 의미한다.

74) 따라서 私化는 민간위탁 등의 주로 공공재화와 공공서비스의 민간공급계약(Contracting Out) 및 국유재산의 매각을 포함하는 것으로 보인다.:
http://www.Privatization.org/database/whatisPrivatization.html

2. 美國의 私化(Privatization)의 形態[75]

첫째 '서비스공급계약(Contracting-Out)'으로서 정부가 영리의 목적이나 비영리의 목적을 불문하고 공공서비스의 전부나 일부를 공급하기 위하여 민간부문과 경쟁적으로 계약을 체결하는 것을 말한다. 외부공급(Outsourcing)이라고도 한다. 둘째 '경영계약(Management Contract)'으로서 관리운영 전반(주된 시설을 예로 들면 공항, 하수도처리시설, 체육시설, 도서관, 컨벤션센터 등)을 민간기업과 경쟁적으로 계약하는 방식이다. 셋째 '경쟁관리(Managed Competition)' 또는 '민관경쟁체제 (Public-Private Competition)'는 공공서비스의 공급에 자유경쟁체제를 도입하여 정부직영기업과 민간기업이 동일한 조건하에서 공급계약에 입찰하게 하는 방식을 말한다. 넷째 '자산매각(Asset Sales)' 내지 '장기임대계약(Longterm Lease Contract)'은 국가가 보유하고 있던 공항, 가스공급시설, 부동산 등의 자산을 민간기업에 매각하거나 장기간 임대함으로써 유형자산을 금융자산으로 전환시키는 것을 말한다. 다섯째 '특허(Franchise)'란 특정 민간기업에게 일정한 지역에 대한 서비스공급 독점권을 부여하는 방식이다. 이 경우에, 정부가 서비스의 기준과 가격 등을 통제할 수 있으나 서비스이용자가 공급자에게 직접 사용료를 지불하게 된다. 여섯째 '교환권(Vouchers)' 방식으로서 개인에게 정액지불이 가능한 증빙서 또는 교환권을 주어 공개시장에서 서비스를 구매할 수 있도록 하는 경우이다. 이 때 교환권은 민간부문 또는 공공부문으로부터 특정한 상품이나 서비스를 구매하기 위해서 개인에게 지급하는 정부의 재정지원금의 성격을 가진다.

3. 美國의 民間投資制度의 內容[76]

미국에서의 민간투자제도는 다른 국가와 달리 주에 따라 개별적 입법에 의하여 민간투자대상 및 사업이 진행되고 있는 것이 특징이다. 미국에도 최근 수년

---

75) http://www.Privatization.org/database/whatisPrivatization/Privatizationtechniques.html
76) Akintola Akintoye, Matthias Beck & Cliff Hardcastle, ibid, pp.16-19.

간 정부가 제공하는 서비스를 私化시킴으로서 이익증가(an increased interest)를 가져오고 있다. 특히 시군 수준의 작은 도시에서는 私化에 가장 앞서있다.[77]

역사적으로 미국에서 잘 통용되는 '서비스공급계약(contract out)'은 공공쓰레기처리시설(solid waste disposal), 도로건설(street construc-tion), 시설의 유지 및 관리(management and operating of facilities), 건물수리(building repair), 응급서비스(ambulance services), 자동차 수리 및 유지(vehicle pepair and maintenance), 건축 및 엔지니어링서비스(architectural and engineering services), 법률서비스 (legal counsel)등이다.[78]

미국에서의 선도기업들은 사회부문(social sector) 즉 공립학교(public school), 사회복지 및 고용프로그램, 도심재개발(inner city redevelopment) 등에 민간투자를 시작하고 있다.

미 상원의원 Bob Graham에 의하여 만들어진 '공립학교민간투자법(Public Schools Partnership Act)'에 의하면 연방세법(federal tax code)을 수정하여 민간이 학교시설을 건설하여 소유권을 가지면서 이를 공교육제도에 임대해 주기 위한 민간채권의 경우에는 비과세를 할 수 있게 하였다.

1991년에 매사추세츠 주에서는 플리머스 郡(Plymouth County)이 특별한 입법을 통하여 새로운 교정시설을 장기조건으로 임대하여 연방, 주, 군의 수감자에게 제공할 수 있도록 했다. 이 특별입법은 당해 프로젝트와 관련된 모든 경비지출을 매사추세츠 주에서 통상적으로 공공공사에 적용되는 주의 명령 및 감독법규로부터 벗어날 수 있게 하는 것이다.

또한 미국에서는 수십만의 집들이 민간투자제도를 활용하여 건설되었다. 플로리다 주 데이드 郡(Dade County)에서는 종전에 개별적으로 사법인에 의하여 관리되었던 공공주택 포트폴리오의 구조를 개인회사 중앙처리관리시스템의 구조로 설계하였고 이로 인하여 공공부문의 사회적 책임을 가지게 되었다.

미국의 하수처리시설의 대부분은 아직도 공공부문에 의하여 여전히 유지되

---

77) Akintola Akintoye, Matthias Beck & Cliff Hardcastle, ibid, pp.16.
78) Florestano & Gordon, 1980.; Hirsch & Osborne, 2000.

고 있으나 최근 사화의 진행이 급속히 진행 중에 있다. 최근 하수처리시설의 주도권자들[79]은 하수처리시설의 산업적 외주프로젝트들과의 전략적 동맹을 형성하고 있다.

참고로 같은 북아메리카인 캐나다의 경우를 보면, 1990년대 중반에 캐나다의 노바 스코티아(Nova Scotia)에서 큰 사회기반프로젝트를 수행하기 위해서 민간투자제도가 선택적으로 사용되었다. 민간투자제도의 실행은 결함을 제거하고 새로운 사회기반시설을 공급한다는 요구를 충족시키기 위해서 캐나다의 두 개 주의 명령에 의하여 실행되었다. 새로운 사회기반시설 프로젝트는 39개의 학교건설, 고속도로, 성인교정 및 범죄학 기구 등이다.

---

79) 예컨대 Wheelabrator Environmental System, Inc., Treated Water Outsourcing (TWO), a Nalcoo / US Filter joint venture 등이다.

第3章
民間投資法制의 本質

　본 장에서는 다음 장에서 논의할 民間投資法의 實施協約의 법적 성질을 밝히기 위하여 먼저 우리나라 현행 '사회간접자본시설에 대한 민간투자법'상의 民間投資制度가 공법적인 시각에서 어떠한 성질을 가지고 있는 것인지를 규명하고자 한다.

　현행 우리나라 民間投資制度는 국가 등 行政主體가 자신의 계획하에 사인에게 민간자본을 투자하게 하고 공공시설을 건설하게 하여 이를 이용하는 자에 대하여 이용료를 징수하게 하게 하여 사인들 참여하에 그 절차가 진행되는 것이므로, 기본적으로 '行政의 私化'(Privatization) 현상의 일종으로 볼 수 있다. 이하에서는 우리나라 民間投資法의 내용을 분석하여 行政主體·事業施行者·利用者라는 3면 관계 속에서 당사자들의 권리의무를 중심으로 民間投資法의 法的 性格 및 地位에 대하여 살펴보기로 한다. 후술하는 바와 같이 '민간투자계약'은 行政契約으로서 '公共서비스特許契約'(concession de service public)의 성질과 '政府工事契約'(concession de travaux public)의 성질이 혼합된 성질을 가지며, 또한 이에 보조금지급결정의 성격이 가미된 복합적 성격의 行政契約이다.

　따라서 본 장에서는 行政主體가 사인에게 일정한 범위의 권한을 수여하는 委任委託(délégation)法理와 行政契約(contrat administratif)이 잘 발달한 프랑스에서 '民間投資制度'가 가지고 있는 行政契約의 요소 즉 公共서비스特許,

또는 政府工事契約(concession de travaux public)을 중심으로 살펴보고 이와 비
교하여 유사개념, 예컨대 조달계약(marché public) 등과 비교하여 차이점을 살
펴본다. 또한 미국의 '정부계약' (Government contract) 및 獨逸의 民間投資法
理를 살펴보면서 현행 우리나라 民間投資制度의 성격을 밝히고자 한다.

第1節 우리나라 現行 民間投資制度의 法的 性格

Ⅰ. 民間投資制度의 意義

본래 정부는 사회기반시설 등 공공시설을 직접 자신이 설치(government-supported,
government-owned)를 해야만 한다는 것이 종래의 고전적 관념이다.

그런데 '民間投資制度'는 국가 자신이 해야 할 公共서비스를 민간이 형식
적 주체가 되어 민간 자신의 자본 및 기술을 동원하여 제공하는데 실질적인
면에서는 국가의 주도하에 公共서비스를 제공하는 것이므로 위 원칙의 예외

라고 할 수 있다. 民間投資制度는 사인의 일정한 참여하에 실질적인 公共서비스를 제공한다는 점에서 私見으로는 "私人의 協力을 통한 行政機能의 分擔作用"의 性質을 가진다고 할 수 있다.[1]

먼저 '事實的인 면'에서 '民間投資制度'의 개념을 살펴보면 '국가 또는 지방자치단체 등 공행정주체가 스스로의 행정계획 하에 公共서비스의 수행을 목적으로 공공시설 등의 사회간접자본시설을 포함하는 공물의 건설과 운영을 위하여 부족한 재원의 일부 또는 전부를 民間部門으로부터 조달하고 그들에게 일정한 범위 내에서 공공시설의 운영 및 수익권을 보장하는 제도'라고 할 수 있으며, 이를 법적인 관점에서 개념정의하면 '民間投資制度'란 '사인이 공공시설 등의 건설 및 운영에 대하여 자신의 자본을 투자하여 당해 공사에 재정적으로 참여하고 기술을 제공하고 시설물을 완성(concession de traveax publics)하는 것을 내용으로 하는 것으로서 사인과 공공부문이 협력(offre de concours)하여 實施協約(contrats de partenariats)을 체결하고 실시협약의 내용에 따른 독점적인 관리운영권을 배타적으로 행사(concession de service public)하는 것을 내용으로 하는 특수한 行政契約(öffentlich-rechtlicher Vertrag, contrat administratif)을 본질로 하는 법제도'라고 할 수 있다.

Ⅱ. 民間投資制度의 槪念 要素

'民間投資制度'는 여러 가지의 행정수단을 결합한 형식의 복합적인 행정작용이다. 다음에서 결합된 특징에 의거하여 구분하기로 한다.

---

1) 이에 대하여 '정부기능의 민영화 소위 '機能民營化'(funktionelle Privatisierung)' 특히 '財政民營化'로 보는 견해(李元雨, 政府機能의 民營化를 위한 法的 手段에 대한 考察－私人에 의한 公行政의 法的 手段에 대한 體系的 研究, 행정법연구 3號(1998. 하반기) 1998.10., 114-116면.)가 있다. 국가의 독점적 행정작용의 행사에 사인이 참여한다는 점에서는 견해를 같이 하지만 民間投資制度(PPP)는 '行政의 私化'(Privatisierung) 내지 '민영화경향'에서 이해될 수 있는 것이지만 民間投資制度는 민영화(Privatisierung)와는 구별되는 개념이다.

첫째 '民間投資制度'는 민간사업자를 선정하여 공공시설이라는 시설물을 건설하여 직접적으로 公共서비스를 제공하는 것이다. 이러한 점에서 行政主體가 자신의 공행정활동을 위하여 사인으로부터 주로 매매와 도급계약의 형식을 통하여 간접적으로 공익에 관계되는 '調達契約'(des marchés publics)과 구별된다. 공공시장계약의 분야는 公共서비스의 필요에 따라서 평등의 원칙 및 경쟁의 원리가 지배하는 行政契約(contrats administratifs)인데 반하여 '民間投資制度'의 사업시행자 선정은 위 원칙뿐만 아니라 특허권의 설정이라는 면에서 재량성이 풍부하게 부여된다.

둘째 '民間投資制度'는 사인의 자본을 투자하여 당해 공사에 재정적으로 참여한다.2) 民間投資制度는 민간이 재정의 전부 또는 일부를 참여하는 것을 필수요소로 한다. 이 점에서 民間投資制度는 '公共서비스特許'와 다르다. 公共서비스特許는 行政主體 자신이 직접 건설하는 것이며 사인의 재정참여가 이루어지지 않는다.

셋째 '民間投資制度'는 사인이 공공시설 등을 건설함에 있어서 자신의 기술을 제공하고 시설물을 완성한다. 이러한 점에서 '공공토목공사'(concession de traveax publics) 즉 '政府工事契約'과 같다. 다만 政府工事契約'은 정부가 모든 재정을 부담하고 발주를 정부가 하며 정부공사계약자는 정부가 결정한 내용에 의하여 공토목공사를 담당하는 지위에 있을 뿐이므로 民間部門이 재정의 분담을 하는 民間投資制度와는 구별된다.

넷째 '民間投資制度'는 사인에게 독점적인 경영권(관리운영권)을 부여하여 배타적으로 행사할 수 있게 한다. 이 점에서 '公共서비스特許'와 같다. 즉 公共서비스特許'는 행정청이 사인 또는 영조물법인에게 그들의 경영적 책임하에 公共서비스를 운영하도록 하는 계약이며 特許의 상대방은 公共서비스의 이용의 대가로 使用料를 받는 것이다. 즉 特許는 경제인의 활동을 보장하면서 감독권의 행사를 통하여 公共서비스의 공익성을 확보할 수 있는 장점을

---

2) 민간부분 자신이 반드시 재정적 투자를 해야 한다. 즉 民間投資法상 일부분을 行政主體나 기타 제3자로부터 금융지원을 받을 수는 있고 또한 민관합동법인의 형태로 사업을 진행할 수도 있으나 민간사업시행자 스스로 일정액을 반드시 재정적 출연을 해야 한다.

살리기 위한 제도이다. 이러한 점은 民間投資制度에서 사업시행자가 자신의 당해 공공시설을 건설하여 자신 스스로 경영을 하면서 시설이용자에게 使用料(redevance)를 강제로 징수[3]할 수 있는 권한을 부여받는 것과 같다. 다만 特許와 民間投資制度의 차이점은 현재 우리나라의 民間投資法은 '최소수입보장제도'를 운영함으로서 만약에 당초 예측한 수입에 미달되는 경우에는 사업시행자에게 정부가 약정한 비율의 금전(Subvention)을 지급[4]해 준다는 점에서 다르다.

다섯째 '民間投資制度'는 주도권(Initiative)이 민간에게 비중이 있다.[5] 이러

---

3) 사업의 방식에 따라서 일정기간 당해 건설된 시설을 이용하는 이용자에게 使用料를 부과할 수 있는 '관리운영권'을 갖거나 혹은 당해 시설의 소유권을 일정기간 보유하면서 수익권을 가지고 使用料를 징수할 권한을 갖게 되는 방식의 구조가 있으나 본질적으로 이용자에 대한 강제使用料부과 징수권을 독점한다는 점에서 동일하다.

4) 이러한 점에서 최소수익운영보장 규정에 의하여 만일 운영이익예상치보다 현실적인 운영수입이 떨어지는 경우 당해 사업을 발주한 行政主體가 약정한 일정비율의 금원을 교부받게 되는데 일종의 '교부금'(Subvention)의 성질이 있다. 그러나 民間投資制度는 '자금조성행정 내지 보조금교부행정'(Subvention)과 다르다. 즉 자금조성행정(Subvention)은 行政主體가 공공복리를 증진시키기 위하여 특정한 사업을 행하는 공공단체 또는 사인이나 사기업에 대하여 직접 또는 간접으로 금전의 급부 기타의 방법에 의한 경제상의 원조를 제공하는 행정작용이다(석종현, 一般行政法 (下) 第8版, 三英社, 2001, 406-407면). 이와 관련하여 가장 일반적인 것이 보조금의 교부이며 지급보증, 세금우대, 이용료 감면 등을 통하여 특정한 경제 목적이나 특정분야의 달성을 위하여 목적으로 행해지는 경제조장행정작용이다. 현재 民間投資法상의 '산업기반신용보증기금'에 의한 민간투자사업자금투융자 행위 자체를 독립시켜 보면 일종의 보조금교부행정의 범주에 속한다고 보인다. 그러나 기본적으로 民間投資制度는 정부 등 行政主體가 주체가 되어 사업을 주도한다는 점에서 민간이 완전한 주도권을 가지고 단지 금전적 혜택의 지급이라는 수단을 통하여 경제를 조성하려는 보조금교부행정과는 기본적으로 다르며 위에서 살펴본 民間投資法상 일정수입액에 못 미치는 경우 최소수입운영보장에 의한 금전의 지급은 이것은 民間投資制度의 본질은 아니며 정책적인 제도일 뿐이다.

5) 국가·지방자치단체 등 行政主體가 民間投資事業에 대한 기본계획 및 시설사업기본계획을 수립하는 전제에서 출발하고 또한 사업진행과정에서도 민간투자지원센터의 심의절차 등을 통하여 行政主體의 판단에 의해서 사업의 타당성이 검토되기는 하지만 公共서비스特許나 政府工事契約과 비교해 볼 때 정부고시사업이든 민간제안사업이든 불문하고 民間部門 스스로 사업성을 분석하여 당해 사업의 구체적 내용에 대하여 제안서를 제출하고 또한 민간의 자본이 반드시 투자된다는 점에서 民間部門이 사업의 주도적 참여를 하고 있는 성질을 가지고 있으며 또한 民間投資法상 民間部門은 민간사업을 제안할 수 있고(법 제9조), 일정한 범위에서 사인(民間部門)이 시설사업기본계획의 수정을 요청할 수 있다(법 제12조)는 점에서 이를 반증한다.

한 점에서 公共서비스特許 또는 政府工事契約과 다르다. 즉 또한 公共서비스特許契約의 조항은 행정청에 의하여 일방적으로 결정되며 行政契約의 조건이 '조건명세서'(cahier des charges)에 기재되어 있으므로 주도권이 行政主體에 있는 데 반하여, 民間投資法上 實施協約은 行政主體와 協商對象者 사이에 협상에 의하여 實施協約書가 작성되며 정부고시사업이든 민간제안사업이든 계획 및 사업내용의 구체성 및 자금투자의 면을 고려할 때 民間部門에서 주도성을 더욱 가지고 있다는 점에서 양자는 차이가 있다.

　여섯째 '民間投資制度'는 민간사업시행자 자신이 사업의 주체성을 가지므로 권리의무의 귀속자의 지위를 가진다. 즉 법률적으로는 대내적·대외적으로 권리의무의 주체는 民間部門으로서의 사업시행자법인이다. 대내적으로 主務官廳과 사업시행자 사이에서 實施協約의 締結을 통하여 사업시행에 대한 권리의무 귀속 주체가 主務官廳으로부터 사업시행자에게 부여되어 결국 대외적으로도 시설물의 이용자에게 使用料를 징수할 수 있는 것은 사업시행자의 법귀속주체성이 인정됨에 따른 고유의 권한이 되는 것이며 行政主體의 권한을 대리 내지 위임받아 행사하는 것이 아니다. 따라서 이에 대한 다툼은 민간사업시행자에게 귀속한다. 즉 主務官廳과 민간제안자 사이에 實施協約이 締結되면 동시에 사업시행자 지정이라는 行政處分이 있는 것으로 간주되어 사업시행자의 지위를 갖는다. 따라서 사업시행자는 主務官廳에 대하여 '民間投資契約의 當事者로서의 地位'를 가짐과 동시에 民間投資事業을 시행함에 있어서 제3자에 대한 '公行政主體로서의 地位'를 가지게 된다. 전자의 地位는 行政契約의 당사자로서 行政契約의 내용에 따라 民間投資事業을 시행하고 관리운영권 등을 행사할 수 있는 특허권을 설정 받는 "公法上 契約의 當事者로서의 地位"를 가지는 것이고, 후자 즉 제3자에 대한 '公行政主體로서의 地位'는 일종의 '公務受託私人'(Beliehene)처럼 공행정 주체로서 고권적인 권한(예컨대 수용권 등)을 자신의 이름으로 행사할 수 있는 지위에 서게 되는 것이다. 후자의 지위와 관련하여 '公務受託私人'은 행정권한을 자신의 이름으로 행사하지만 임무자체는 공공주체에게 유보되어 있는 것인데 반하여 민간투자에서의

사업시행자는 特許를 받아 권리의무의 귀속이 되는 주체라는 점에서 본질이
다르다. 이에 따라 민간사업시행자 자신이 公役務의 제공의무를 수행함에 있
어서 독립적으로 운영권을 가지며 이에 대한 당해 시설물이용자와의 분쟁의 귀
속은 사업시행자에게 귀속되며 마찬가지로 당해 시설물의 설치관리의 하자 등
의 문제발생시 책임의 귀속자는 원칙적으로 사업시행자이다.6)

일곱째 '民間投資制度'는 行政主體와 사인 간에 實施協約의 締結을 통해서 위
와 같은 권한을 사인에게 부여하고 의무를 부담하는 내용의 권리의무가 확정되는
行政契約(contrat administratif) 내지 公法上 契約(öffentlich-rechtlicher Vertrag)7)의
성질을 가진다.

결국 이상에서의 논의를 종합하면 '民間投資制度'란 民間部門에서 사업의
주도권을 가지고 行政主體와 협상 하에 實施協約이라는 민간투자계약8)의 締
結을 통하여 자신의 자본을 투자하여 자신의 기술로서 공공시설 등(les infra-
structures et équipments publics)을 건설하여 완성(concession de traveax publics)
하고, 완성 후 독점적으로 최소한의 수입을 보장받으면서 자신의 경영적 판단
하에 당해 시설물의 이용자에게 使用料(redevance)를 강제로 징수할 수 있는

---

6) BTO 방식에 있어서 사업주체의 관리운영권이 물권적이 성질을 가진다고 규정(민간투자
   법 제27조)한 것도 법리적으로 보면 이러한 맥락에서 이해될 수 있다. BTO 방식에 있
   어서 소유권이 정부에게 먼저 이전된다고 치더라도 책임의 주체와 관련하여 사업시행
   자가 먼저 부담하게 된다고 본다. 민법 제758조 '공작물 등의 점유자, 소유자의 책임'의
   경우 공작물의 설치 또는 보존의 하자로 인하여 타인에게 손해를 가한 때에는 공작물
   점유자가 손해를 배상할 책임이 있고 예외적으로 점유자가 손해의 방지에 필요한 주의
   를 해태하지 아니한 때에는 그 소유자가 손해를 배상할 책임이 있다고 규정하고 있는
   데 이것과 일맥상통한다고 보인다.
7) 民間投資制度는 공적관리행정(독일식의 비권력행정)의 일부로서의 공법영역의 적용대상
   이므로 원칙적으로는 사법이나 공법적 원리의 구속을 받는다는 행정사법(Verwal-
   tungsprivarecht)의 영역이 아니다. 참고로 獨逸의 Wolff는 '행정사법(Verwaltu-
   ngsprivatrecht)'에 대하여 公行政主體가 사법형식으로 공적 임무를 직접적으로 수행할
   때 공법규정 내지는 공법원리에 의하여 수정또는 제한되는 사법을 말한다고 정의하였다.
   (Wolff / Bachof / Stober, Verwaltungs-recht I., 10. Aufl, 1995. S.238 f.) 또한 행정사법이란 '행
   정이 행정과제를 수행하는 경우에 적용되는 공법적으로 중첩되고 기속을 받게 되는 사법'이라
   고 설명하기도 한다. (Hartmut Maurer, Allgemeines-Verwaltungsrecht, 12. Aufl., 1999. S.42.)
8) 따라서 '實施協約'을 영문으로 표기할 때 'Concession Agreement'이라고 기재하는 것도
   特許契約과 유사한 성질을 지니고 있기 때문이라고 판단된다.

권한을 부여받는 것을 내용으로 하는 복합적인 제도라고 볼 수 있다.[9]

Ⅲ. 論議의 展開

民間投資制度는 사인의 재정적 참여, 행정권한의 수권에 의한 사업시행자의 고권적 행정권한의 행사, 공사의 이행, 사인 자신의 독립된 권리의무의 행사, 일정한 경우 자금의 지원, 행정주체와의 행정계약의 체결 등 여러 가지 복합적인 성격을 가지고 있는 것을 살펴보았다.

그런데 현행 民間投資法상 主務官廳과 사업시행자 사이에 締結하는 實施協約의 법적 성질은 공법원리의 지배를 받는 '行政契約'이며 이를 통하여 사인에게 實施協約의 범위 내에서 공행정 수행의 지위를 독점적으로 부여하는 것이므로 民間投資制度의 복합적인 성질 중에서 '公共서비스特許契約'(concession de service public)이 주된 것이며, 또한 기본적으로 사업시행자가 자신의 기술로 공공시설을 건설하는 것이므로 부수적으로 政府工事契約(concession de traveax publics)의 성질을 갖는다고 판단된다.

따라서 이하에서는 '프랑스의 行政契約論'이라는 제목으로 프랑스의 '公共서비스特許契約', 政府工事契約法理를 살펴보고 그리고 미국의 정부계약, 獨逸의 民間投資制度의 법적 수행방식을 순서대로 고찰하기로 한다.[10]

---

9) 현행 民間投資制度는 위와 같은 개념적 특징이 있으며 구체적 민간사업에 따라서 각각의 다양한 사업방식 및 경영책임의 정도, 소유권의 귀속문제 등에 따라 약간씩 民間投資事業의 법적 성격이 달라질 수 있는 것은 사실이다. 이와 관련하여 '財政民營化'를 민자유치(민간투자)의 개념으로 보면서 여러 민영화 수단 ['BOT 모델', 'BO모델', '리스모델', '민간경영자모델' (Betrieber-modell), '特許모델'(Konzessionsmodell), '민관협동모델'(Kooperationsmodell), '프랜차이즈모델'(Franchise-Modell) 등]들이 발전하고 결합되어 있다고 보는 견해(李元雨, 上揭論文, 115면)가 있다. 이 견해는 민간경영자모델은 임무수행민영화와 재정민영화의 결합이고, 特許모델은 BOT모델과 프렌차이즈모델을 포괄하는 개념으로서 임무수행민영화와 재정민영화 및 재산권민영화까지 결합한 형태라고 한다.

10) 사업시행자의 지위와 관련하여 고권적 권한행사와 관련된 소위 公務受託私人(Beliehene)은 이미 국내 문헌에서 널리 알려진 것이므로 관련부분에서만 언급한다.

第2節 프랑스의 行政契約論

Ⅰ. 行政契約 一般論

民間投資契約의 성질에 공통되는 프랑스의 '公共서비스特許契約', '政府工事契約'의 法理는 모두 行政契約의 종류이므로 民間投資法의 이론구성 내지 권리의무의 해석론에 영향을 미치는 범위에서 이에 공통되는 行政契約의 일반법리에 대하여 살펴보도록 한다.

1. 行政契約의 概念

프랑스에서 '行政契約'의 개념은 "공법인 사이에 혹은 공법인을 위하여(pour le compte d'une personne publique) 締結되고 公役務 遂行을 위한 것이거나 혹은 보통법에 특히 예외적인 조항, 특별조항(des clauses exorbitantes du droit commun)을 담고 있거나, 혹은 보통법에 특히 예외적인 법제의 적용을 받는 계약"으로 정의할 수 있다.

따라서 行政契約은 "계약당사자의 의사에 의한 사법적 행위로서 이에 의하면 통상 行政契約 내지 공권의 성립으로 해석될 수 있고, 行政契約은 법체제에서 독자성을 가진다"고 이해[11]된다. 사적 관리 이론(la théorie de la gestion privé)에 의하면 프랑스에서 公共서비스를 행하는 모든 계약이 行政契約은 아니지만 行政契約은 일반사법계약(les contrats de droit commun)의 반대개념이다.[12]

---

11) 'contrat'의 개념에 대하여 "Acte juridique reposant sur un accord de volontés entre parties contractantes. Les personnes publiques sont susceptibles de conclure des contrats administratifs ou de droit privé. Le contrat administratif se singularise par l'originalité de son régime juridique."라고 정의하고 있다.; Agathe Van Lang Geneviève Gondouin Véronique Inserguet-Brisset, Dictionnaire de droit administratif, Armand Colin / Masson Paris, 1997, p.85.

12) 참고로 영미법계 국가인 美國의 경우 公私法一元論의 입장에서 契約에 있어서 公法의 概

2. 行政契約의 沿革

프랑스의 경우 19세기 까지는 行政廳이 締結하는 契約을 公權力 行爲로 看做하지 않았고, '意思의 合致'가 있는 순간부터 그것은 公權力의 범위를 벗어나 私人들이 締結하는 契約과 같은 것으로 보아 私法이 適用되었다.13)

그러나 19세기 동안 國家는 經濟自治의 原則의 범위 내에서 점차 經濟分野에 대한 개입을 확대해 나가는 과정에서 철도, 전기, 주택사업 등 부문에서 기술적인 독점을 요하는 기업이 나타나게 되었다. 이러한 사업들은 國家가 하여야 할 사업의 총체 또는 그 기구의 의미로서 이른바 '公共서비스'로 불리게 된다.14)

19세기의 自由主義 기간 동안 경제활동은 계약이라는 典型的인 法形式이 지배하였기 때문에 公共서비스는 당연히 契約의 形式으로 特許되었고 다른 한편으로는 調達行政이 발달되어 이것 역시 公法上의 契約의 形式을 취하게 되었다.15) 契約經濟에 있어서 公權力은 形式의 개입뿐만 아니라 政府가 원하는 목적을 달성하기 위하여 行政廳과 民間經濟人 사이에 契約을 締結하는데 통상 이러한 契約에는 一般的으로 財政的 특혜가 民間經濟人에게 주어진다.

念을 인정하지 않으므로 行政契約이란 觀念을 인정하지 않는 것이 전통적인 입장이다. 그러나 미국에서도 오래전부터 일반 사인 간의 계약과는 다른 Government contract의 특성을 인정하면서 영국과는 달리 프랑스의 행정계약과 더 유사하다고 보고 있고(H. Street, Governmental Liability-A Comparative Study, Archon Books, 1975, pp.81-82.), 19세기 후반부터 정부의 監督權·契約內容에 대한 정부의 變更權·解除權 등에 관해 정해놓은 '標準條項'(Standard terms and conditions)을 포함하고 있는 특수한 형태의 契約의 사용이 증가하고 있다. H. Street, ibid, pp.99-102.

13) 꽁세이데따의 1912년 7월 31일 Granits porphyröides des Vosges判決은 포장도로 공급계약에 관하여 "사인들 사이의 계약의 규정과 조건에 따라 공급품을 납품할 유일한 목적의 계약"이라고 하였다.

14) 1873년 2월 8일 權限爭議裁判所는 Blanco 判決에서 「행정은 사인 간에 적용되는 민법전의 원칙에 지배되지 않고, 서비스의 필요성과 국가의 권리를 사인의 권리와 타협시킬 필요성에 따라 달라지는 특별한 법칙이 있다.」고 판시하였다.

15) 李光潤, 行政法理論－比較的考察－, 成均館大學校出版部, 2000, 136면.

3. 行政契約의 準據

프랑스의 경우는 行政契約의 준거를 우선 '입법규정'16)에 따르며, 입법에 명문규정이 없는 경우에는 '判例'에 따른다.17) 특히 判例가 채택하고 있는 기준은 ① 當事者, ② 目的, ③ 逸脫條項(clauses exorbitantes)의 세 가지이다.18) 즉 당사자 중의 적어도 어느 일방이 公法上 法人이거나 공법상의 법인을 대신하는 私人이어야 하며, 목적이 公共서비스의 수행을 위한 것이거나 보통법에 대한 일탈조항을 구비하고 있어야 한다.19)

먼저 판례상의 ① '當事者' 요건과 관한 판례를 살펴보면 우선 공법인 사이의 계약은 원칙적으로 行政契約이다.20) 공법인 사이의 계약은 공적 관리 작용이 대부분이기 때문이다. 사인 사이의 계약은 원칙적으로 行政契約이 아니다. 일방 당사자인 사인이 公共서비스를 수행한다거나 계약이 보통법에 대한 일탈조항을 포함한다 하더라도21) 또 조달시장법전을 적용하거나 정부공사를

---

16) "프랑스에서 법률이 규정하고 있는 行政契約의 기준은 ① 政府工事契約(공화력 8년 쁠 뤼비오즈 28일 법률), ② 공물의 사용에 관한 계약(1938년 6월 17일 법률), ③ 국가의 건물매각계약(공화력 8년 쁠뤼비오즈 28일 법률), ④ 사회보장기금과 의사조합 사이의 계약(1975년 7월 20일 법률 제4조 및 제7조)이 있다. 그 밖에도 프랑스 전기회사와 공급업자 사이의 계약과 같이 법률에 의하여 사전에 법적 성격이 정해진 경우가 있다. 그러나 입법에 의하여 行政契約이 정해져 있는 경우는 공토목공사(travaux publics) 또는 공물('domaine public') 등의 협정을 제외하고는 많지 않다.)((Les contrats administratifs par determination de la loi sont en effet peu nombreux à l'exception des conventions relatives aux travaux publics ou comportant occupation du 'domaine public').; Agathe Van Lang Geneviève Gondouin Véronique Inserguet-Brisset, ibid, p.85.

17) 李光潤, 前揭書, 143면에서 145면 재인용.

18) "당사자"요건과 관련하여 우선 공법인 사이의 계약은 원칙적으로 공적 관리 작용으로서 行政契約(TC, 21 mars 1983 UAP; CE 11 mars 1990 Bureau d'aide soc. de Blennod les Pont-à-Mousson.)인 반면 사인 사이의 계약은 사법계약으로 본다. "보통법에 대한 일탈조항"에 관하여 행정청이 "사인들 사이의 계약과 마찬가지의 규율과 조건에서" 締結하는 계약은 行政契約이 아니다. 그러나 行政契約은 일방적 法律行爲로서의 준계약(quasi-contrats)과 개념 구분하여야 한다.

19) TC, 7 juillet 1980 Sté d'exploiation touristique de la Haute-Maurienne; 21 mars 1983 UAP; 20 janvier 1986 Boennec.

20) TC, 21 mars 1983 UAP; CE 11 mars 1990 Bureau d'aide soc. de Blennod les Pont-à-Mousson.

수행하기 위한 것이라 하더라도 원칙적으로 行政契約이 아니다22)

② 目的 요건과 관련하여 계약의 목적인 '公共서비스의 수행'23)에 관하여는 계약이 계약의 상대방에게 公共서비스의 운영을 담당시켜야 한다.24)

③ '普通法에 대한 逸脫條項(clauses exorbitantes)'이란 당사자들이 계약 締結시 계약내용에 사법적용을 회피하려는 의사를 표현하는 것이다.25) 판례에 의하면 '逸脫條項'이란 당사자에게 민법과 상법에 의한 자유로운 의사에 의한 계약체결에 대하여 이를 수정하여 이질적인 권리를 부여하거나 의무를 부과하는 것이다.26) 따라서 행정청이 締結하는 계약이라 하더라도 "사인들 사이의 계약과 동일한 규율과 조건에서" 締結하는 계약은 行政契約이 아니다.27)

판례상 집행절차(exécution)에 의하여 채권을 확보하는 경우28)등의 일반사법절차에 대한 예외조항29)이 있는 경우, 공법인에게 감독권을 인정하거나 계약의 중지와 해제를 결정할 권한을 주는 등의 계약 상대방에 대한 우월적 지위를 부여하거나30) 계약이 규정하지 아니하는 부분에 대하여는 행정청의 '條件明細書'(cahier des charges)31)에 의하는 경우에는 行政契約으로 본다.32)

---

21) CE 20 déc. 1961 Sté de l'autoroute Esterel-Côte d'Azur; TC 19 janv. 1972 SNCF c/Entr. Solon et Barrault; 9 févr. 1994 Sté Autoroutes Paris-Rhin-Rhône.
22) CE sect. 24 mai 1974 Sté Paul Millet; TC 20 janv. 1986 Sté Laurent Bouillet.
23) Min. de l'agriculture c/Consorts Grimouard 判決(CE 20 avr. 1956), Dame veuve Mazerand 判決(TC 25 nov. 1963), Sté "La maison des isolants de France" 判決(CE 26 juin 1974), S. Kermann 判決(TC 18 mars 1991) 등이 公共서비스 수행관련 판례이다.
24) Epoux Bertin 判決(CE 20 avril 1956)에서는 소련 출신 피난민 주거사무소가 계약에 의하여 Bertin부인에게 주거와 양식을 제공할 임무를 부여하였다.
25) CE 10 mai 1963 Sté la Prospérité Fermière.
26) CE sect. 15 fév. 1935 Stein.
27) CE 31 juill. 1912 Société des granits porphyoides des Vosges.
28) TC 27 juill. 1950 Peulaboeuf.
29) Cass. 1ère civ. 18 nov. 1992 Cne de Pantin.
30) CE ass. 26 févr. 1965 Sté du vélodrome du Parc des princes.
31) CE sect. 17 nov. 1967 Roudier de la Brille.
32) 그러나 行政契約의 개념과 구분하여할 개념으로 準契約(quasi-contrats)이 있는데 준계약은 정부가 경제개발계획의 준칙(directive)의 수행환경을 조성하기 위해 이에 합당하다고 판단되는 협의대상인 민간업자들의 투자계획에 의하여 예상되는 국가의 재정적, 물질적, 조세 면에서의 협력백서의 제시를 가리키는 것으로 계약이란 용어가 사용되고 있음에도 불구하고

II. 公共서비스特許契約(Concession de service public)

1. 特許契約의 概念 및 特徵

'特許契約'은 특정사인이나 사법인회사에게 公共서비스를 제공하게 하거나 공공재산을 만들게 하고, 그 반대급부로서 보조금의 지급을 받거나 또는 없이, 또는 이익의 보장을 받거나 또는 없이, 서비스제공에 대한 대가로서 자신의 비용을 들여 만든 시설물의 위탁하여 수익하게 하고 당해 시설물을 이용하는 이용자에게 使用料를 받을 수 있는 권리를 부여하는 行政契約이라고 정의할 수 있다.33)

特許契約에는 '公共서비스特許契約'과 政府工事契約이 있다. 또한 사인의 공물점용계약도 特許契約에 속한다. 이 중에서 '公共서비스特許契約'은 행정청이 사인이나 영조물법인에게 行政契約을 締結하여 特許를 설정해 주고 권한을 받은 特許者는 자신의 경영적 책임하에 公共서비스를 제공하고 特許者는 公共서비스의 제공에 대한 대가로 서비스이용자로부터 使用料를 받는 구조이다.

국가가 公共서비스를 直接運營(Les régies)하는 고전적 방법 이외에 '公共서비스特許'를 통하여 行政廳이 私人 또는 예외적으로 營造物法人에게 그들의 經營責任하에서 公共서비스를 운영하도록 하는 契約이 있다. 후자는 가스, 전기, 철도, 지하철 등 분야에서 民間部門에 의한 사적 창의를 통하여 公共서비스를 제공하고 한편 국가 또는 公共團體는 特許企業에 대하여 監督權을

이것은 雙方的 法律行爲가 아닌 일방적 法律行爲이다.; René Chapus, Droit administratif général T.1, Montchréstien, 1999., p.1171.

33) Agathe Van Lang Geneviève Gondouin Véronique Inserguet-Brisset, ibid, p.71.: Contrat administrative qui charge un particulier ou une société d'exécuter un ouvrage public ou d'assurer un service public, à ses frais, avec ou sans subvention, avec ou sans garantie d'intêret et que l'on rémunère en lui confiant l'exploitation de l'ouvrage ou l' exécution du service avec le droit de percevoir des redevances sur les usagers de l'ouvrage on sur ceux qui bénéficient du service.

행사하여 公共서비스의 公益性을 확보할 수 있다는 장점을 가지고 있다.

또한 '公共서비스特許契約'은 프랑스의 行政契約의 연혁에서 살펴본 것처럼 전형적인 行政契約으로서 行政契約의 특징을 그대로 지닌다. 즉 먼저 계약형식에 있어서 行政主體가 일방적으로 條件明細書를 통하여 行政契約의 契約條件을 일방적으로 결정한다는 특징을 가지고 있고, 계약의 이행에 있어서 行政契約의 公共서비스활동이라는 성격으로 인하여 行政主體에 대한 여러 가지 特權(行政主體의 監督·命令權, 制裁權, 一方的 變更權 등)을 부여하고 있으며, 行政契約 締結 후에 이행과 관련하여 사정변경이 생긴 경우 즉 계약체결 후 계약외적 상황이 달라졌을 때 公共서비스의 계속성을 담보하기 위한 '不可抗力理論'과 '王子의 行爲理論' 등이 있다.

2. 行政契約의 締結의 特徵

가. 契約相對方의 選定

'公共서비스特許契約'도 行政契約이므로 行政契約을 締結[34]할 때 契約自由의 原則에 대한 수정내지 제한을 받는다. 즉 行政契約의 締結에 있어서는 '公益의 保護'라는 基本理念에 따른 行政主體의 財政的 利益으로 인하여 契約相對方 선택의 자유가 制限을 받는다. 그러나 '公共서비스特許契約'은 공토목공사계약이나 행정조달계약보다는 契約 相對方의 선택이 더 자유롭다.[35] 즉 '特許契約'에서는 契約 相對方 選定'을 할 때 公土木工事 特許契約과 마찬가지로[36] 그 契約의 완전이행이 公共의 利益에 밀접하게 관련을 가지게 되기

---

34) 이에 관한 '法源'을 보면 프랑스에서 行政契約 締結은 法에 의해 規定되어 있다. 國家가 當事者로서 締結하는 契約에 관하여는 1882년 11월 18일의 décret가 규율하였는데, 그 내용은 1942년 4월 6일, 1956년 3월 13일, 1959년 1월 7일의 décret에 의해 변경·수정되었다. 한편 지방자치단체가 締結하는 契約에 관하여는 1960년 7월 25일의 décret로 規定되었고 1962년 4월 13일의 行政命令으로 수정되었다. 이러한 國家 및 地方自治團體의 契約締結에 관하여 1964년 7월 17일의 décret 및 1966년 11월 28일의 décret으로 法典化되어 公共市場法典(Code des marchés publics)을 탄생시켰다.

35) M. Waline, Précis de droit administratif (Paris: Editions Montchrestien, 1969), p.403.

36) 사견으로는 상대방선택의 자유의 정도를 보면 公共서비스특허계약, 공토목공사계약, 조

때문에 特許契約의 契約相對方인 特許權者(concessionaire)는 財政的 信用 및 기술적 능력을 갖추어 特許契約內容을 이행할 수 있어야 한다. 따라서 행정조달계약처럼 계약 단가만 적용되는 入札(adjudication)과 같은 기계적인 방식에 의존할 수가 없다. 결국 公共서비스特許에서는 行政主體가 자신의 판단 하에 契約相對方의 資本과 能力을 고려하여 특허권자를 비교적 자유롭게 선택할 수가 있다.

참고로 공공시장법전에 규정된 一般 公契約의 締結方式은 '入札'(adjudication)과 '隨意契約'(marché de gré à gré)의 두 가지 유형으로 대별해 볼 수 있다.

나. 條件明細書(cahier des charges)

계약의 일반원칙상 계약은 當事者意思의 合致에 의해 체결되는 것이며 어떤 특별한 形式을 가져야만 하는 것은 아니므로 口頭合意形式을 취하여도 무방하다.[37] 그러나 '公共서비스특허계약'을 포함한 行政契約을 체결할 때 프랑스의 公共市場法典은 書面形式을 의무화하고 있으며 契約條件은 行政主體에 의해 일방적으로 결정된 '條件明細書'안에 規定되고 있다.

條件明細書는 다음과 같은 의의를 지닌다. 첫째, '條件明細書의 槪念'을 보면 行政契約의 締結에 있어서 行政主體는 契約相對方인 私人과의 협의를 거치지 않고 契約條件을 결정하고, 私人은 行政主體가 정한 조건을 받아들이거나 또는 계약체결을 거부할 수 있을 뿐 조건을 수정할 수는 없는 상태에 있게 되는데 이처럼 行政主體가 정한 成文上의 총체를 條件明細書라고 한다. 이러한 조건명세서는 附合契約의 일종이다.

둘째, '條件明細書의 種類'에는 Ⓐ 一般行政條件明細書 (cahier des clauses administratives générales), Ⓑ 共通條件明細書(cahiers des prescriptions communes), Ⓒ 特別條件明細書(chaier des prescriptions spéciales)가 있다.[38] 一般行政條件明

달계약의 순서로 재량권이 강하다고 본다.

37) F.P.Bénoit, Le Droit Administratif Français (3e éd., Paris: Libraire Dalloz, 1968), p.611.; CE 20 avril 1956 Epoux Bertin.

38) 조건명세서는 行政上의 관행과 규제에 의하여 만들어 졌는데 國家의 契約에 대하여는

細書39)는 어떤 부 혹은 청에 의하여 체결되는 동일유형의 모든 계약에 적용할 수 있는 行政條件이고, 共通條件明細書40)는 계약의 각 범주별로 共通條件을 정하는 것으로 각 소관부에 의하여 계약자문위원회에 장관이 자문하여 제정한 것이며, 特別條件明細書는 개별 계약에 적용되는 特別條件을 정한 것이다. 원칙적으로는 위 순서대로 上下關係에 있다고 한다.41)

셋째, 條件明細書의 法的 性格에 대해서 보면, 조건명세서는 사전에 行政主體에 의해 일방적으로 작성되며 의무적으로 계약에 삽입될 수도 있고, 契約締結 이후 집행과정 중에 행정주체에 의해 일방적으로 수정되기도 하기 때문에 '계약의 성질'인가 아니면 '명령적 성질'인지가 문제된다.42) 특히 조건명세서는 行政契約의 내용에 따라 달라지는데 公共서비스特許契約'에 삽입되는 條件明細書의 법적 성격은 당사자의 지위에 따른 이중적인 성격43)을 가진다.44) 즉 公共서비스特許契約은 行政主體와 契約相對方間의 法的 關係를 정립시킬 뿐 아니라 特許權者가 당해 서비스의 이용자보다 우월한 지위에서 서비스활동을 담당하게 되기 때문에 여기에서의 조건명세서는 半契約的·半強制的 性格을 갖게 된다. 즉 公共서비스 特許契約에 있어서 행정주체와 특허권자 사이에서는 契約的 性格을 갖게 되고, 행정주체와 공공서비스 이용자

1942년의 行政命令과 그 후 1956년 3월 13일의 行政命令에 의하여 그 내용이 명확해졌다.

39) 中央契約委員會는 모든 행정주체와 행정청을 위하여 총리의 인가를 받아 의무적으로 적용할 수 있는 標準明細書(cahier-type)를 제정할 수 있다. 예컨대 1961년 5월 8일에 공포된 國家의 정부공사계약에 관한 표준명세서를 들 수 있다.

40) 中央契約委員會는 총리의 허가를 받아 義務的으로 適用될 수 있는 共通條件明細書를 制定할 수도 있다.

41) M.Waline, opus cit., p.413.

42) A.de Laubadère, opus cit., p.760.

43) 사견으로는 "공공서비스특허계약(Concession de service public)에 있어서의 관계적 이중성"이라고 부르고 싶다.

44) 一般行政契約에 挿入되는 條件明細書는 계약성을 인정할 수 있다. 일반적인 부합계약이나 약관에 의한 계약에 의하더라도 사법상의 계약설이 통설인바와 마찬가지로 條件明細書를 事前的·一般的으로 작성하였더라도 行政契約의 附合契約의 범주에서 그 契約性을 인정할 수 있다(A.de Laubadère, opus cit., p.761.). 특히 當事者의 意思合致에 의해 條件明細書를 삽입한 契約을 체결하면 條件明細書는 當事者 사이의 法(loi des parties)을 형성하며 契約으로서의 효과를 가지게 된다(F.P.Bénoit, opus cit., p.606.)

사이에서는 命令的 性格을 갖게 되어 양면적 성격을 가지고 있다.

3. 行政契約履行의 行政特權

일반 사법계약과 달리 行政契約이 유효하게 성립하면 효력을 발생하게 되는데 대부분 行政契約이 公共서비스활동을 위하여 행해지는 公益을 目的으로 한다는 점에서 行政主體는 契約의 履行에 관하여 特權(prérogative exorbitante)를 지니게 된다. 프랑스의 行政契約에서는 行政主體가 ① 行政主體의 감독·명령권, ② 行政主體의 制裁權, ③ 行政主體의 일방적 변경권을 가진다.[45] 특히 行政主體의 일방적 변경권의 경우 '公共서비스特許契約'에서 Conseil d'etat 判決[46] 에서 최초로 등장하였다.

가. 監督·命令權 (Les pouvoirs de surveillance et de direction)
行政主體는 그 契約 相對方이 契約의 規定에 따라 이행을 하고 있는지를 심사할 監督權과 契約의 明文規定이 없는 사항에 대하여는 이러한 점에 관한 이행방식을 契約相對方에게 부과할 수 있는 命令權을 가질 수 있다.[47]

다만, 계약내용에 明文의 規定이 없는 경우에는 이들 권한을 인정할 것인지 여부는 각 契約類型에 따라 각 상이하다.[48] 이 권한은 원칙적으로 공공토목공사에 인정되는 권한이다. '公共서비스 特許契約'의 경우 行政主體는 契約內容중에 明文으로 規定되어 있을 때에만 인정된다고 보는 것이 일반적이다.[49]

---

45) A. de Laubadère, opus cit., pp.763-771.; M. Waline, opus cit., pp.417-418; F.P.Bénoit, opus cit., p.643. 다만 위 행정특권의 行政契約의 종류에 따라서 그 내용이 달라진다고 한다 (F.P.Bénoit, opus cit., p.644.).
46) C.E. 10 janvier 1902 Gaz de Deville-les-Rouen 判決.
47) F.P.Bénoit, opus cit., p.645.
48) A.de Laubadère, opus cit., p.755; F.P.Bénoit, opus cit., p.645; M.Waline, opus cit., p.417.
49) 조달계약의 경우에는 물품의 제작과정 중에 監督·命令權은 인정되지 않으며 물품을 인도할 때 그 물품이 契約에 合致하는가를 심사할 監督權과 合致되지 아니하는 경우의 受領拒絶權이 인정된다고 한다.; F.P.Bénoit, opus cit., p.646.

나. 制裁權(le pouvoir des sanctions)

(1) 制裁權의 意義 및 特徵

行政契約의 履行에 있어서 行政主體의 契約相對方이 그 歸責事由로 瑕疵를 야기한 때에 行政主體는 이에 대한 制裁權을 발동할 수 있다.[50] 制裁權의 근거는 契約規定 또는 公權力制度 본질에서 유래하는 것으로서 행정계약상의 하자의 억제 및 당해 公共서비스의 繼續性을 보장하기 위함이다.

제재권은 다음과 같은 特徵을 가진다. ① 制裁의 種類의 면에서 行政主體는 금전적 제재(손해배상금 및 위약벌)와 함께 다양한 강제적 방법 내지 解除權을 행사할 수 있으므로 그 폭이 매우 넓다.[51] ② 制裁權은 行政主體에 의해 一方的으로 행사된다. 제재권 행사시 行政主體는 긴급한 상황인 경우[52] 또는 契約上 催告 免除의 條項이 있는 경우[53]를 제외하고는 契約相對方의 義務履行을 催告한 후에 제재처분을 발급할 수 있다. ③ 制裁權이 契約內容 중에 포함 내지 예견될 수 없더라도 항상 行政主體의 권한에 속하며 契約上 制裁의 類型이 한정적으로 열거되어 있더라도 규정 외의 제재권도 자동적으로 존재한다는 것이 conseil d'etat의 判決이다.[54] ④ 行政主體의 制裁權이 중대한 과실로 행사된 경우 契約法院(juge du contrat)에 의하여 통제[55]되지만 行政主體의 制裁를 다시 취소시킬 수는 없고 불법한 제재의 경우 契約相對方에게 損害賠償을 할 것을 命할 수 있다.

(2) 制裁權의 內容을 유형별로 살펴보면 다음과 같다.

① 金錢的 制裁(Les sanctions pécuniaires): 行政主體의 金錢的 制裁로서는 損害賠償金과 違約罰의 2種이 있다. 違約罰은 契約締結時에 總括的인 金額으로 나타나는 점에서 損害賠償金과는 구별되며[56] 이러한 契約的 성격으로

---

50) A. de Laubadère, opus cit., p.765.
51) 그러나 형사상의 제재 또는 그에 준하는 警察命令(réglement de police)의 행사는 權限의 濫用으로서 행사할 수 없다.
52) CE 10 juin 1932 Bigot.
53) CE 5 fev. 1919 Levy.
54) CE 31 mai 1907, Deplanque.
55) CE 12 déc. 1930 Comp. tramways;. CE 22 mars 1929 Brandt.

인하여 계약상 예견된 사건이 발생하면 즉시 行政主體는 그가 받은 손해를 입증함이 없이 違約罰을 선고할 수 있다.57) 判例는 선결 재판 없이 行政主體가 행사할 수 있는 制裁手段을 발동하고 있지 아니한 때에는 법원이 연체료를 선고할 수 있다고 판단하고 있다. 즉 금전적 제재권은 법원에 의해 선고되는 연체료의 설정으로 대체될 수 있다.

② 强制的 制裁(Les sanctions coercitives): 이는 契約相對方의 의무불이행을 强制手段을 통하여 契約을 실현하고자 하는 것이다.58) 그것은 '公共서비스 繼續性의 原則'(principe de continuité)이라는 관념에 理論的 根據를 두고 있으며, 강제권의 내용은 의무불이행 시 行政主體가 자신이 직접 또는 第3者로 하여금 대체하는 방법을 이용한다.

'公共서비스特許契約'에서의 집행형식은 주로 委託管理(mise en séquestre)의 방식에 의한다.59)

강제적 제재조치를 행사하기 위한 요건 및 절차 등을 살펴보면 다음과 같다. ⓐ 첫째, 契約相對方의 重大한 過失이 있을 것60), ⓑ 둘째, 계약을 대체시키지 않는 범위 내에서 행사할 것(강제적 대체방법으로 契約을 종료시킬 수 없고 契約相對方의 명의상으로 존속하며 이 점이 解除와 區別된다)61), ⓒ 셋째, 강제적 대체방법은 항상 잠정적이고 일시적인 수단일 것 등이다. 따라서 行政主體의 이와 같은 대체집행권한은 명의상으로 契約相對方이 존재한다는 점에서 契約相對方의 費用과 危險負擔으로 행하여지게 된다.62)

---

56) A.de Laubadère, opus cit., p.767.

57) CE 14 juin 1944 Skouloukos.

58) 獨逸은 行政節次法 第47條에서 原則的으로 이를 禁止하고 執行約款이 있는 경우에만 公務員이 할 수 있도록 하고 있다. 이에 반해 일본 및 우리나라의 行政契約論에서는 行政主體는 當事者로서 相對方인 私人과 對等한 지위를 가지기 때문에 行政主體 자신이 相對方의 義務履行에 대한 自力强制權은 부정하고 있는 것이 일반적이다.

59) A.de Laubadère, opus cit., p.768.

60) CE 22 jan. 1919 Guyot.

61) 예컨대 公土木工事契約에 있어서 공사수급인 국·공영화에도 불구하고 契約當事者로 존속하고 관리인은 청부업자의 대체담당자에 불과하다.: CE 3 mai 1911 Genest.

62) CE 3 fev. 1937 Lesage.

③ '解除(résiliation)': 契約相對方의 重大한 過失이 있을 때 계약을 종료시키는 것이다. '公共서비스特許契約'에 있어서 特許權者에 대한 失權宣言(déchéance)은 미리 權限을 留保해 놓지 않는 한 法院의 判決에 의해서만 宣告될 수 있다.63)

다. 一方的 變更權(Le pouvoir de modification unilatérale)

(1) 行政主體의 一方的 變更權64)은 계약 체결 후 이행 시 일방적으로 契約相對方에 대하여 실현될 급부의 범위를 變更(급부의 增加나 減少)을 요구할 수 있는 권리이다. 이는 私法上의 '契約 不變更의 原則'(principe de l'immutabilité des contrat)에 배치되는 것이어서 學說上으로는 다툼이 있으나 公共서비스의 必要性65)에 입각하여 프랑스 判例는 계속 인정해오고 있다.66)

(2) '一方的 變更權의 範圍'

통상의 行政契約의 경우 公共서비스의 집행에 관련된 契約條項은 一方的 變更權의 대상이 된다67)고 보아 실행될 給付의 範圍68), 執行의 速度 및 方式에 관한 條項 등은 變更할 수 있고, 約定給付에 補充的인 給付의 追加69)도 가능하다. 다만 契約相對方의 報酬(rémunération)에 관한 契約條項은 一方

---

63) CE 17 nov. 1944 ville d'avallon; A.de Laubadere, opus cit., p.770.

64) 行政契約의 可變性(mutabilité du contrat administratif)이라고도 부른다.

65) 즉 公共서비스의 필요에 따라 公益의 관점에서 契約 相對方에 대하여 契約 時에 豫見되지 않았던 義務를 새로이 賦課할 수 있다는 것이다. 이러한 理論的 根據로부터 行政主體의 一方的 變更權은 契約締結時 豫見될 수 있어야만 하는 것은 아니고 一方的 變更權은 行政契約制度의 基本的인 요소로서 行政主體가 임의로 포기할 수도 없다. 行政主體의 포기약정이 있으면 무효라고 보는 견해(A. de Laubadère, opus cit., p.771.)가 있다

66) 이러한 입장은 公共서비스特許에 관한 L'arret D'eville-les-Rouen(CE 1902.1.10.)에서 정립된 것으로서 이 사건은 行政主體가 가스공급업자에 대하여 전기발명에 따라 이를 전기 등으로 대체토록 命令한 것을 그 內容으로 하는 것이었다. 이후 꽁세이데따는 公共서비스特許와 관련된 또 하나의 L'arrêt Cie générale française des tramways(CE 1910.3.21)에서 시는 시의 확장에 따라 전기궤도업자에 대하여 새로운 노선을 증서토록 命令할 수 있다고 판시하여 위의 입장을 확인하였다.

67) CE 17 août 1891 Morelli.

68) CE 21 mars 1910.

69) CE 23 juin. 1920 Briancon.

的 變更權의 대상이 되지 아니한다. 그러나 '公共서비스特許契約'의 경우에
는 합리적인 이유가 존재하는 한 特許 기간 중에도 이용수수료의 增感·變更
이 가능하다.[70]

4. 行政契約 相對方 補償理論[71]

行政契約을 이행하고 있는 도중에 행정주체 내부의 사정에 의하여 혹은
외부의 상황변화에 따른 새로운 사건이 돌발하여 그 이행을 방해하거나 보다
一方的으로 履行條件을 變更하는 경우, 契約 相對方의 권리義務에 관하여
어떠한 法的 效力을 미치는지가 문제된다. 특히, 첫째 契約相對方의 履行義
務의 免除 여부, 둘째 契約相對方의 補償權 인정여부가 쟁점이다.

특히 본 논의는 '公共서비스特許契約'의 주된 성격을 가지고 있는 민간투
자계약에서 사정변경이 발생하여 민간투자계약을 취소하는 경우 등 사정변경
이 발생하는 경우에 프랑스 行政契約에서 Conseil d'etat 判決로 인정되어온
보상이론을 도입할 수 있는지가 문제된다. 본 논의의 근거는 '公共서비스의
必要性' 및 '公共서비스繼續性의 原理'에서 구한다.[72]

가. 不可抗力의 理論(théorie de la force majeure)

不可抗力 이론이란 契約 當事者의 意思와 무관하게 契約의 履行을 방해하
는 外的인 사건으로서 불가항력 사건이 발생하면 契約 相對方의 義務가 免
除되는 이론을 말한다.[73] 따라서 불가항력의 要件은 첫째, 불가항력 사유가

---

70) 이용수수료의 增感·變更行爲로 인해 契約 相對方이 정상적인 이윤을 획득하지 못하는 경
   우에 行政主體가 損害賠償을 해야 한다; A. de Laubadère, opus cit., p.769.
71) 이를 '契約의 財政的 均衡原理'로 설명하는 견해가 있다; 김동희, 프랑스 행정법상의 行
   政契約에 관한 고찰, 서울대학교 법학연구소 법학 32권 3·4호(87·88호), 38면.
72) 사견으로는 위 논의의 법적 성격은 '契約 外的 狀況變化에 의한 行政契約의 修正으로
   서의 補償理論'이라고 할 수 있다. 왜냐하면 일정한 계약외적인 상황의 변화로 인하여
   公共서비스의 지속을 위하여 계약당사자의 계약상 권리를 희생하면서 이에 대하여 일
   정한 보상을 주는 것이기 때문이다.
73) 불가항력이론은 19세기 중반에 비로소 인정되었다; CE 18 mars 1858 Sensive.

契約 相對方의 意思와 완전히 無關한 것, 즉 의도하지도 않고 기인하지도 않은 것이어야 한다. 둘째, 예견되지도 않고 豫見할 수도 없는 것이라야 한다.74) 셋째, 제시된 사건은 契約의 履行을 根本的으로 不可能하게 하는 것이어야 한다. 契約 相對方은 단순한 곤란에 의하여 그 義務가 면제되지 않고 극복할 수 없이 不可能한 경우에 있어서만 義務가 免除되는 것이다.

불가항력이 발생하면 의무이행이 면제되는 결과를 가져온다. 즉 불가항력은 계약 상대방에게서 그 履行義務를 免除시켜 준다. 따라서 불가항력이 발생하면 契約 相對方은 계약이행책임이 면제되므로 法院에 契約의 解除를 請求할 수 있고, 行政主體는 계약 상대방에 대하여 不履行에 대한 制裁를 할 수 없다. 한편 不可抗力은 그것이 표명된 기간 중에만 효력을 갖는 것이며, 만일 不可抗力이 종료되게 되면 契約相對方의 義務는 다시 살아나게 되는 것이다.75)

나. 王子行爲理論(La théorie du fait du prince)76)

(1) 意 義

'王子의 行爲'[fait du prince(ou aléa administratif)]77) 라 함은 契約의 履行 중에 契約 相對方의 契約履行을 보다 어렵게 하거나 費用 등의 負擔을 加重시키는 결과를 야기하는 公權力主體에 의한 모든 措置를 가리키는 것이다.78)

---

74) 꽁세이데따의 判例는 이 要件이 충분할 것을 요구하고 있다.; CE 4 fév. 1920 Bory-事案이 機械의 事故에 관한 것임.; CE 13 fév. 1930-事案이 非登錄地域으로 運送하는 도중에 違法의 拉致行爲가 있었던 것에 관한 것임., CE 4 juin 1927 Tissier. -특히 戰時에 꽁세이데따는 전쟁으로 인한 곤란을 예견할 수 있는 것이라고 판단한 바 있다.

75) CE 5 jan. 1924 Comp. Gaz La Ferté-Milon.

76) 이를 '손실액전액보상의 원칙'으로 보는 견해가 있다; 이광윤, 행정법특강Ⅰ 제1판, 법문사, 2004, 9, 234면.

77) 사견으로는 용어의 의미와 관련하여 '왕자행위(fait du prince)'의 의미는 절대권력의 고권적인 지위에서 불평등의 조치를 한다는 의미에서 사용되는 표현이며, 단어 자체가 전액보상을 의미하는 것은 아니다.

78) 왕자행위는 후술하는 豫測不能理論의 經濟變數(aléa économique)와 대비하여 行政變數(aléa administratif)라고 불리고 있다. 'Mesure édictée par les pouvoirs publics ayant pour consequence de render plus difficile ou plus onéreuse l'exécution d'un contrat administratif;

王子의 行爲가 발생하면 契約 相對方은 契約을 締結한 行政主體에 대하여 行政變數의 완전 補償을 請求할 수 있는 權利 즉 자신에게 부담이 가중되어 발생한 결과에 대하여 完全補償權이 인정된다.

(2) 王子行爲理論의 適用範圍

왕자행위의 조치의 內容은 契約을 締結한 行政廳 자신에 의한 것일 수도 있고 또는 다른 國家機關에 의한 것일 수도 있고, 그 성격에 있어서도 特定處分 내지 法律이나 法規命令일 수도 있으며, 契約의 目的 자체에 직접적으로 관련될 수도 있고 단지 그에 대하여 간접적인 영향을 미치는 것에 그칠 뿐인 것일 수도 있어서 그 범위는 넓게 인정된다.

다만 이전에 王子의 行爲槪念 및 理論 중에 포함되었던 특정 사태가 豫測不能理論(La théorie de l'imprévision)에 포함되어 王子行爲理論의 적용 범위가 縮小되었다.[79] 양자의 차이는 王子의 行爲는 完全補償을 해야 하지만 豫測不能事態는 새로운 부담에 따른 部分的인 補償을 하는 것이다.

王子의 行爲措置가 契約을 締結[80]한 公權力主體에 의한 경우 즉 行政主體가 그 一方的 變更權에 의하여 契約 相對方에게 새로운 義務를 부과하는 경우를 예로 들 수 있다.[81] 이 理論은 契約을 締結한 行政主體가 個別的 措置를 통하여 契約 그 자체에 일정한 影響을 미치는 措置로서 契約 相對方의 사태를 간접적으로 악화시키는 경우에도 적용된다.[82]

(3) 王子行爲의 法的 效果

王子의 行爲는 契約 當事者인 行政主體는 그 契約 相對方이 입은 損害

Agathe Van Lang Geneviève Gondouin Véronique Inserguet-Brisset, ibid, p.142.

79) 꽁세이데따가 豫測不能理論을 適用하고 王子의 行爲理論을 適用하지 아니한 判決; CE 4 mai 1949 Ville de Toulon.

80) 王子의 行爲理論은 契約을 締結한 公權力主體에 의하여 契約 相對方에게 불리한 措置가 행하여진 경우에만 適用되므로 기타의 公權力主體에 의하여 행하여진 조치에는 豫測不能理論을 주장할 수는 있다.

81) CE 6 juin 1913 Delpon.

82) 따라서 一般的 성격의 조치인 경우에는 그것이 국민전체에 관련되기 때문에 契約相對方은 原則的으로 보상을 주장할 수 없다.; CE 17 juillet 1950 Chouard.

를 完全히 補償해야 할 義務를 부담한다. 즉 契約相對方은 계약내용에 총괄적인 보상이 예정되어 있는 경우를 제외하고는 行政變數로 인한 損害全體를 補償받게 된다(完全補償의 原則). 보상의 총액은 계약 중에 예상되는 역무의 가격을 추리하여 계산된다.[83]

다. 豫測不能理論(La théorie de l'imprévision)

(1) 意 義

'豫測不能理論'은 경제적인 변수(un aléa économique)로 인하여 行政契約의 상대방이 피해를 입어 어려운 상황(des conditions très difficiles)에 있음에도 불구하고 行政契約의 실행을 계속하기 위해서(poursuivre l'exécution du contrat administratif) 契約相對方이 行政主體로부터 재정적 도움을 받을 수 있는 권리가 주어지는 법률이론이다.

王子行爲理論과 마찬가지로 예측불능이론은 '公共서비스의 계속성의 원칙(par le principe de continuité des services publics)' 및 재정균형의 원칙에 의거하여(par le droit à l'équilibre financier du contrat) 정당화된다.

즉 豫測不能理論[84]은 經濟變動으로 인하여 契約 相對方이 사용하는 원자재의 가격이 현저하게 증가하는 경우처럼 비교적 장기간에 걸치는 契約의 履行過程에 있어서 契約 當事者의 意思와는 無關하나 豫見할 수 없는 經濟的 變動이 契約의 履行自體를 不可能하게 하지는 않더라도 契約 相對方의 負擔을 크게 증가시켜 契約을 혼란하게 하는 경우에 公共서비스의 계속적인 제공을 위하여 일정한 보상을 제공하고 行政契約을 유지하는 법원칙을 말한다. 만일 계약 외적 상황으로 인한 사정변경의 원칙이 적용되지 않는 私法契約의 法理를 적용하면 계약의 당사자가 도산하게 되는 결과를 가져와 결국

---

83) CE 5 nov. 1918 Biguet.
84) 豫測不能理論의 시작은 Conseil d'etat의 1916년 3월 24일 '보르도'가스회사 判決이다. 이 判決에서 Conseil d'etat는 세계 제1차대전 기간 중 석탄가격의 폭등으로 契約上 確定된 가격을 유지할 경우에는 破産할 위험에 있는 가스공급자에 대하여 行政廳이 그 사업의 계속적 수행에 필요한 한도 내에서 일정한 補償을 지급하도록 하였다.

公共서비스 계속성의 원칙이 무너지게 되기 때문에 따라서 行政關係에 있어서는 公共서비스의 繼續性 確保를 위하여 계약관계를 계속 지속하되 契約相對方이 받은 손실을 합리적인 범위 내에서 行政主體가 보상으로서 一部 塡補해야 한다.

豫測不能理論은 行政主體의 私法上 契約을 제외한 모든 行政契約(公共서비스特許계약, 공공토목공사계약, 조달계약 등)에 적용된다.[85]

오늘날 行政契約을 締結할 때 條件明細書에 經濟的 變動에 따른 契約變動에 관한 規定을 豫定한다. 그러나 경우에 따라서 法院은 當事者가 예정한 契約變動에 관한 關係規定의 범위를 超越하여 판단할 필요가 있을 수 있기 때문에 본 理論이 적용된다.[86]

(2) 豫測不能事態의 成立要件

첫째, 非正常的이고 豫見할 수 없는 事態이어야 한다. 즉 契約 相對方이 그 위험부담을 수락한 것으로 간주되는 正常變數(aléa ordinaire)를 넘는 例外的 變數(aléa extraordinaire)로서 '契約 締結時에 當事者가 할 수 있었던 모든 豫想을 벗어나는 그러한 事態를 의미하는 것'[87]이다.[88] 豫測不能理論上의 變數는 經濟變數(aléa économique)이다. 예컨대 재해와 같은 自然的 事態[89]일 수도 있고, 전쟁과 같은 政治的 事態일 수도 있으며, 또한 경제적 혼란을 야기하는 行政的 介入[90]으로 이루어질 수도 있다.

---

85) CE 8 fév. 1918 Soc. éclairage de Poissy에서 논고담당관 Corneille가 이와 같이 판시하였다.

86) 예컨대 條件明細書에 契約上 約定된 총괄적인 가격을 불변가격으로 規定하고 있더라도 본 理論이 適用된다.; CE 10 mars 1948 Hospice de Vienne.

87) CE 3 dc. 1928 Fromassol에서 논고담당관 Corneille가 판시한 內容이다.

88) 예컨대 자본주의 경제체제에 있어서 통상적인 景氣變動에 기인하는 가격변동은 正常變數로 판단되지만 가격변동이 非正常的이고 例外的인 事態에 기인하고 더욱이 契約締結시에 當事者가 이를 예견할 수 없었던 경우(전쟁, 화폐가치의 평가절하, 경제위기 등 豫測不能한 것)에 例外的 變數로 볼 수 있다.; CE 25 nov. 1921 Comp. des automobiles postales; CE 22 juin 1934 Comp. contient du gaz; CE 30 mars 1938 Ville de Belfort; CE 30 nov. 1938 Soc. le Centre électrique.

89) CE 21 avril 1944 Comp. des câblés télégr.에서 例外的인 심한 地震을 豫測不能事態로 보고 있다.

둘째, '事態는 契約相對方의 意思와 無關한 것'이어야 한다. 따라서 契約相對方이 財政的 損失을 초래한 데 대하여 責任이 있거나, 스스로 그러한 損失을 惹起했거나, 더 나아가서는 그러한 손실의 예방을 위하여 조금도 노력하지 아니한 경우 등에는 豫測不能理論을 援用할 수가 없다.[91]

셋째, '契約 外的 事態가 造成되었다고 볼 수 있을 만큼 사태가 契約 履行에 깊은 혼란을 야기했을 것'이어야 한다. 즉 단순히 이익이 감소했거나 상실된 경우를 넘어서 契約上의 財政的 均衡을 파괴하는 결과를 야기하는 사태가 있어야 한다.[92]

계약 외적 사태가 조성되었다고 하기 위해서는 한편으로 限界價格 즉 契約 相對方이 정상적인 위험을 고려하여 지불하게 될 가격상승의 한계가 초과되고[93], 다른 한편으로는 실제로 契約의 混亂(bouleverse-ment du contrat), 즉 非正常的인 극심한 혼란이 야기되었을 것이 필요하다.

(3) 豫測不能事態의 法的 效果

豫測不能事態가 발생하였더라도 契約相對方의 契約履行義務는 存續하므로 契約上의 義務를 계속 履行하여야 한다. 그러나 行政廳이 契約 相對方에게 財政的 損失의 일부를 금전으로 補償하여야 한다.

豫測不能事態로부터 초래되는 '契約外的事態'에 직면하여 契約當事者는 새로운 합의를 통하여 새로운 기초위에 契約을 재차 締結하거나 또는 變更을 하고 만일 합의가 되지 않는 경우 법원이 豫測不能의 補償을 適用하여 보상하게 되는 것이다.

주의할 것은 契約相對方이 받은 손실의 總額을 補償하는 것은 아니며 豫測不能의 補償은 限界價格을 超過한 시점부터 '契約 外的 負擔'으로 인하여 야기된 損害만을 算出해야 한다.[94] 즉 豫測不能理論에 있어서는 豫測不能事

---

90) 예컨대 가격제도에 있어서의 독단적 개입인 화폐가치의 평가절하 등을 예로 들 수 있다.

91) CE 25 octobre 1935 Sté.éléctr. de Vinay.; CE 16 juillet 1943 Abdel Messih.

92) CE 15 juin 1928 Cne. de la Courtine.

93) CE 8 août 1924 Gaz de Brive.

94) CE 20 juillet 1923 Comp. génér. éclairage de Bordeaux.; CE 27 nov. 1931 Comp. tramways

態에 기인한 '契約外的負擔'이 行政主體와 契約 相對方사이에 分擔되는 것이며, 분담비율에 관하여 兩 契約當事者間에 合意가 성립되지 아니할 경우에는 法院이 '契約의 合理的 解釋'에 따라 財政的 決定으로 정한다.[95]

契約의 混亂을 惹起하는 事態가 立法 또는 法規命令의 措置에 기인할 때에는 豫測不能의 補償의 負擔은 契約을 締結한 行政機關이 지는 것이다. 그리고 이 行政機關은 國家에게 過失이 없는 한 國家에 대하여 求償權을 행사할 수는 없게 되어있다.

(4) 豫測不能事態의 終了

豫測不能의 法理論이 합리적으로 豫見할 수 없었던 重大한 事態에 직면한 契約 當事者에게 양자간의 暫定的 協定(modus vivendi temporaire)에 의거하여 정상적인 契約履行을 確保할 수 있도록 대처하는 것이므로 財政的 不均衡이 확정되는 때에는 豫測不能의 法的 效果는 발생하지 않게 되고 行政主體는 더 이상 그 契約 相對方의 財政的 損失을 補償하지 않아도 된다. 이 경우에 契約 當事者인 行政主體나 契約 相對方은 각자 法院에 대하여 契約의 解除를 宣告하도록 請求할 수 있고 解除宣告와 동시에 法院은 一方 또는 他方의 負擔으로 補償을 行하도록 命令할 수 있다.[96] 또한 行政節次에 의한 解除方式이 있는데 그것은 '公共서비스特許契約'에 있어서 地方自治團體를 一方 當事者로 하는 경우에 할 수 있다.

5. 특허계약(Concession)에 관한 Conseil d'etat 判決

가. 槪　要

이하에서는 프랑스에 있어서 '公共서비스特許契約'에 관한 Conseil d'etat의

Besançon.; CE 19 fév. 1926 Soc. Gaz La Ciotat.; CE 18 janvier 1924 Ville de Paris.

95) 이와 관련하여 민간투자계약에서의 行政主體와 사업시행자간에 締結되는 實施協約의 내용을 보면 비정상적 상황으로 인하여 계약이 해지 내지 해제되는 경우 이를 위험부담의 문제로 해결하는데 위의 경우와 유사한 면이 있으나 프랑스의 行政契約이론처럼 왕자이론 사유와 예견불능이론 사유가 구별되지 않고 있는 것으로 보인다.

96) CE 9 déc. 1931 Cie. des tramways de Cherbourg.; CE 14 janvier 1938 Tramways du Loiret.

주요 判決을 살펴보기로 한다.

중요한 判例를 보면 1935년 12월 20일 Etab. Vezia 判決에서 Conseil d'etat 는 公役務의 수행은 공법인에 의하여만 행해지는 것이 아니며 따라서 종전 공법인에게만 인정되어 오던 행정의 특권이 사법인에게도 인정된다고 판시하였다. 또한 1938년 5월 11일 Caisse primaire "Aide protection" 判決에서는 사법인인 사회보장기금이 '公共서비스特許契約'에 의해서가 아니라 하더라도 公役務를 합법적으로 수행할 수 있다고 判決하였다.

이어서 1942년 7월 31일의 Monpeurt 判決에서는 공업생산활동의 조직규제위원회에 대하여 영조물법인은 아니나, 公役務의 성격을 가진다고 判決하였으며 1943년 4월 2일의 Bouguen 判決에서는 영조물법인이 아닌 의사협회에 대하여 公役務의 성질을 가진다고 判決하였다.[97]

나. 특허계약(Concession)에 대한 判例

프랑스에서 特許契約(Concession)에 관한 Conseil d'etat의 중요한 判例[98]를 살펴보면 Compagnie nouvelle du gaz de Deville-les-Rouen (1902), Compagnie generale d'eclairage de Bordeaux-Rec. Lebon p.125 (1916), Caisse primaire Aide et protection-Rec. Lebon p.417 (1938), Ministre de l'agriculture c Dame Lamotte-Rec. Lebon p.110 (1950), Collectivites locales(1991), Commune(1992), Contrats(1992), Collectivites locales(1994), Acces aux documents administratifs(1994), Collectivites territoriales(1997), Communautes europeennes(1998), Commune de lattes (1999), M. Vincent (1999), Societe CITECABLE EST (2000), Ministere de la defense c Mme Haouas (2001), SOCIETE DES EAUX DU NORD(2001), SARL ICOMATEX(2003) 등이 있다.

---

97) 그리하여 제2차 세계대전 직전에는 公共서비스(service public)의 기준에 대하여 종래 '주체의 공법인성'은 부정되고 '공익활동'만이 公役務의 기초개념으로 남게 되었다.

98) 본 concession에 관한 Conseil d'etat 判例는 Conseil d'etat의 웹페이지 (http://www.conseil-etat.fr/ce/jurisp/index_ju.shtml)에서 발췌한 것이다.

Ⅲ. 政府工事契約(La concessionde travaux public)

1. 槪念 및 法的 性格

'政府工事契約'[99]이란 공익을 위한 목적으로 公共部門의 계산하에 이루어지는 공공토목공사 내지는 公共서비스를 목적의 실현을 위하여 公共部門에 의하여 수행되는 공사로 정의할 수 있다.[100]

앞에서 본 것처럼 政府工事契約(공공토목공사계약)도 行政契約으로서 特許契約의 성질을 가진다. 즉 特許契約에는 '公共서비스特許契約'(La concession de service public)과 政府工事契約((La concession de travaux publics)이 있다.

프랑스에 있어서 政府工事契約 또는 공공토목공사계약은 行政契約의 성질을 가지는 것으로 이해된다.[101]

그러나 조달계약(contrat de marché public)의 경우는 政府工事契約과 다르다. 즉 프랑스에서는 견해의 대립은 있으나 대부분의 조달계약을 계약당사자의 의사에 따라 공법적인 규율에 의한 공법적 효과를 발생하는 行政契約의 형태로 締結한다.

2. 政府工事契約의 特權

政府工事契約은 行政契約이므로 公共서비스特許契約에서 본 것처럼 行政

---

99) '政府工事契約'은 '公共土木工事契約'으로 번역하기도 한다.

100) Travaux immobiliers accomplis dans un but d'intêret général par ou pour le compte d'une personne publique ou travaux exécutés par une personne publique pour la réalisation d'une mission de service public: Agathe Van Lang Geneviève Gondouin Véronique Inserguet-Brisset, ibid, pp.281-282.

101) 政府工事契約(concession de travaux public)은 공화력 8년 법률(loi du 28 pluvi se de l'an Ⅷ, 1800년 2월 제4조)에 근거하여 行政契約으로 여겨져 왔다고 한다.; 변해철, 정부계약에 관한 연구-프랑스의 공공조달계약법제를 중심으로-, 공법연구 제23집 제3호, 1995. 213면.

契約에서의 행정청의 특권을 그대로 갖는다. 다만 계약이행 시 行政主體의 특권 중 監督·命令權의 경우는 특히 政府工事契約에서 더욱 기능을 발휘한다.

行政主體는 그 契約 相對方이 契約의 規定에 따라 履行을 하고 있는지를 심사할 監督權과 契約의 明文規定이 없는 사항에 대하여는 이러한 점에 관한 이행방식을 契約相對方에게 부과할 수 있는 命令權은 정부공사계에서 포괄적인 권능을 가진다. 즉 政府工事契約에 있어서 行政主體는 工事가 완결될 때까지 공사건축에 대한 주도적인 역할을 담당하므로 行政廳에 속한 건축가기사의 職務命令을 통하여 공사건축에 관한 命令權을 가진다. 왜냐하면 공사완결 후 그 변경을 명하는 것보다는 그 執行이 契約內容에 일치하는가를 때때로 심사할 監督權을 인정하는 것이 더욱 경제적이기 때문에 工事執行에 관한 계속적인 監督權이 인정된다.[102]

또한 行政主體의 制裁權의 행사형식과 관련하여 政府工事契約의 경우에는 '국공영화'(mise en régie)조치를 취하는 방식에 의한다.[103]

第3節　獨逸의　民間投資法理

이하에서는 獨逸의 民間投資法理와 관련하여 獨逸이 수행하는 民間投資事業수행방식을 '特許'(Konzession)와 '민간경영자'(Betreiber) 방식으로 각각 나누어 살펴보고 당해 방식의 법적 성질과 문제점에 대하여 살펴보고자 한다.

먼저 위에서 언급한 것처럼 獨逸에서도 民間投資制度는 '行政의 私化'내지 '민영화경향'에서 이해될 수 있기 때문에 民間投資制度와 구별개념으로서 기존의 공무위탁 내지 행정권한의 위임위탁(Verleihung)의 개념에 대하여 먼

---

102) F.P.Bénoit, Ibid., p.647.
103) A.de Laubadère, opus cit., p.768.

저 고찰하고 나서 논의를 전개하기로 한다.

Ⅰ. 行政의 私化 및 民間投資法制의 展開

1. 獨逸에서의 行政의 私化의 背景

行政의 私化의 意味와 관련하여 獨逸에서는 통상 실질적 사화(또는 자산의 사화) (Vermögensprivatisierung), 형식적 사화(조직사화) (Organisationsprivatisierung), 기능적 사화 (부분적 사화 또는 외부위탁) (funkionale Privatisierung)의 세 가지로 나눈다.[104]

첫째, 실질적 사화(또는 자산의 사화)는 공공사무를 개방하여 사경제적 활동영역으로 책임을 맡기는 것(任務의 사화: Aufgaben-privatisierung), 財貨 또는 급부의 생산을 하는 공공단체의 퇴출, 사기업에게 공동사무 및 시설의 완전이전, 급부제공의 사적 담당자로의 이동 등이다. 가장 전형적인 예는 국유기업의 매각, 정부보유주식의 매각 등이다.

둘째, 형식적 사화(조직사화)는 공공적으로 수행해야 할 사무를 사법상의 회사에게 법형식상 이전을 하지만 사무의 공공성을 계속 담보하게 되는 경우이다. 이 경우 사무를 이전받은 사법상의 회사는 절대적으로 공공단체의 소유(자기소유회사)로 된다.

셋째, 기능적 사화(부분적 사화 또는 외부위탁)의 경우에 사무는 공공사무의 성격의 보유뿐만 아니라 사무권한 및 사무의 책임까지 행정기관에 맡겨져 있고 다만 공공사무의 실시는 순수한 사적주체에게 맡겨져서 이들이 행정권한을 위임받은 특허자, 이행보조자 또는 행정보조자로서 기능하게 되는 경우를

---

104) Helmut Lecheler, Grenzen für den Abbau von Staatleistungen-Eine Untersuchung zu Art. 87 Abs. 1 und 33 Abs. 4 GG, 1989, S. 39ff.; Harmut Bauer, Privatisierung von Verwaltungsaufgaben, VVDStRL 54(1995), S. 243ff.; 角松生史, 民間化の法律學－西ドイツの Privatisierung論を素材 として－, 國家 第102卷, 1989, 69面

의미한다. 이 경우에는 위임을 한 행정기관에게 원칙적인 권한, 사무책임, 지휘명령 및 보증인적 지위를 부여하게 된다.

2. 獨逸行政改革의 變遷 및 內容105)

가. 권위주의적 전통행정의 영향으로 사실상 獨逸에서는 1970년대까지는 정부지주회사의 민영화나 보조적 업무의 민간위탁 등을 제외하면 사실상 민간위탁에 대하여 경직적인 태도를 보였으며 연방 철도개혁이나 연방우편개혁을 통하여 행정개혁을 통한 민영화의 움직임을 보이다가 실질적으로 1990년 동서독의 통일 이후에 민간에 대하여 행정권을 위탁하는 실질적인 조치들이 행해졌다.

즉 통일 후 현재까지 연방정부 차원으로 행하여져 온 행정개혁은 항공관제·철도 및 우편의 민영화에 대표되는 조직개혁, 공무원법 개혁, 규제완화와 신속화, 각종 재정지출의 감축과 재정수단으로서의 民間投資制度의 활용 등이다.

나. 통일독일 후 연방행정의 민영화개혁은 연방철도와 연방우편(둘 다 연방특별재산 즉, 公社)을 주식회사로 하는 민영화정책이다.

즉 먼저 연방철도에 대해서는 1991년에 여객·화물·선로의 3사 분할하여 주식회사로 하는 연방철도개혁안이 제출되었고, 이러한 민영화는 1993년 12월의 철도신질서법 및 基本法(헌법)개정법으로 성립하게 되었다. 이 개혁은 공무원 중 공법상의 근무관계에 있는 공무원에 대해서는 공무원 신분을 그대로 보유하면서 법률에 의한 주식회사로 출범하게 하였고, 계약에 의한 고용인 및 노무원에 대해서는 주식회사의 직원으로서 그 위치를 승계시켜 각 신분을 보장하고 있다.

다음으로 연방우편에 대해서도 우편사업, 전화·전기통신사업, 우편은행사업을 각 주식회사로 독립시켜 민영화하는 법안이 1994년 초에 연방의회에 제출되어 基本法 개정안과 함께 의회를 통과해 1995년부터는 주식회사로 되었다.

---

105) 米丸恒治, 私人による行政－その法的統制の比較研究, 日本論評社, 1999. pp.4-9.

종래의 연방우편의 직원 중 고용인 및 노무원은 새로운 회사에 신분이 승계되었지만, 공무원에 대해서는 주식회사에 대해 공무원을 고용하는 권한을 위임하는 법 형식(공무원을 고용할 수 있는 권한의 特許)을 채택하여 신분을 보장하였다.

다. 民間投資制度의 도입과 관련하여 獨逸에서도 재정수단에 대한 개혁 및 민간투자촉진방안이 마련되었다. 재정의 어려움과 동독의 사회간접자본시설 정비를 위해 실무상 경영자 모델, 리스모델, 特許모델 등의 민간자본조달 및 시설정비방안이 마련되었다.

'道路建設民間資本調達法'106)이 연방법률로 제정되어 도로건설에 대해서 자본조달부터 설비건설운영 및 시설의 상환까지를 민간의 자금력과 노하우를 이용해서 진행하는 방식으로 도로건설이 가능해졌다. 또한 재정운영 일반에 대해서도 재정운영의 경제성 및 절약성이 요구되는 중요한 사항에 대해서는 비용효과분석의 의무를 지우는 연방재정법 제7조의 사화촉진조항이 1993년에 신설되었고, 조직의 분리나 민간이관, 그 밖의 민간위탁, 민영화 등이 등장하고 있다.

Ⅱ. 私人에 대한 行政權限委任(Beleihung)과 槪念 區別

1. 私人에 대한 行政權限委任의 槪念

본 절에서는 민간위탁제도와 구별되는 獨逸의 '사인에 대한 행정권한의 위임'(Beleihung)107)에 대해 개념정의를 하고자 한다.

---

106) Straßenbau-privatfinanzierungsgesetz(1994년 9월)

107) "사인에 대한 행정권한위임"은 독일어의 원어는 "Beleihung"이다. 그런데 공무위탁(Beleihung)은 어원적으로 Belehnen+Verleihen이 결합한 단어로서 무엇(대상)인가를 수여하는 것을 의미한다. 特許는 실정법이 아닌 강학상 내지 해석론상의 개념으로서 이에 대하여 여러 견해의 차이가 있다. '公企業의 特許', '特許企業', '特許施設', '特許團體' 또는 '特許' 혹은 '特許者' 등 特許라는 용어가 다양하게 사용되고 있음을 보아도

Beleihung에 대하여 "공법상의 법인 외에, 일정의 개별적·고권적 권한을 자신의 이름으로 행사하는 권한(Zuständigkeit)을 부여받은 사법상의 자연인 또는 법인(특허자)이 行政主體가 되는 것"[108]라고 한다. 즉 特許(Beleihung)란 사인이 개별적·고권적 권한을 자신의 이름으로 행사하는 권한을 부여받는 것이 된다.[109]

또한 特許를 받은 상대방의 지위와 관련하여 Michaeliis는 特許者(公務受託私人)라 함은 "국가적 행위에 의해 특정한 고권적인 행정권한을 자신의 이름으로 수행하는 특별한 법적 힘(권한)을 수여받는 사인 또는 사법상의 법인을 말하며, 국가적인 행위에 의해 설정되는 고권적 행정의 특정한 권한을 자

이를 알 수 있다. Beleihung 이라는 단어는 特許企業(beliehener Unternehmer) 또는 公企業의 特許 (Beleihung od Verleihung von öffentlicher Unternehmung)의 개념에서 파생한 것이므로 特許로 번역하기도 한다. 이에 대해서 일본의 米丸恒治 교수는 "獨逸에서 사인에게 행정권한위임을 의미하는 공무수탁의 어원은 Beleihung이지만 Beleihung은 特許企業(Beleihener Unternehmer) 또는 公企業特許(Verleihung eines öffentlichen Unternehmens)의 개념으로부터 파생한 것이어서 그 이론사적 연속성을 중시하여 현재 特許라고 번역하기도 하나 Beleihung의 의미내용이 사인에 대한 행정권한의 위임인 이상 特許라고 번역하는 것은 사인에 대한 독점적 배타적 권리 또는 포괄적 지위를 부여하는 행정행위(Kongesstion)와는 다른 내용의 개념에 같은 명칭을 사용함으로 인해 오해를 초래할 수 있다"고 지적한다(米丸恒治, 前揭書, 23면). 또한 "特許란 국가 또는 공공단체가 국가 또는 공공단체의 사무를 자연인 또는 법인에게 맡겨 어느 정도의 독립된 활동을 할 수 있는 능력을 부여하는 행위로 이해하고, 공무위탁의 의미도 위임받은 자가 行政主體로서 독립하여 활동하는 경우를 의미한다고 본다면 결국 特許는 공무위탁과 같은 의미가 된다. 따라서 이 경우 공무위탁(特許)의 상대방, 즉 特許를 수여받은 자를 公務受託私人, 特許者 또는 特許企業 모두 같은 의미일 것이다"라고 설명하는 견해가 있다: 홍성필, 사인의 경찰작용에 관한 연구, 성균관대학교 박사학위청구논문, 2002. 12. 30면 각주 71.

또한 학자에 따라서 '사인에 의한 행정'(Udo Steiner, Öffentliche Verwaltung durch Private, DÖV, 1970., S. 526 ff.), 사인에 의한 행정사무의 수행(Fritz Ossenbühl / Hans-Ulrich Galwass, Die Erfüllung von Verwaltungsaufgaben durch Private, VVDStrL 29(1971), S. 137 ff.), '사인에 의한 국가적 사무의 수행' (Hans-Werner Rengeling, Erfüllung staatlicher Aufgaben durch Private, 1986.)으로 부르기도 한다.

108) Hans J. Wolff / Otto. Bachof, Verwaltungsrecht Ⅱ, 5. Aufl., 1987, S. 412.

109) 다른 한편 Steiner에 의하면, 特許를 "국가적 권한(staatliche Kompetenzen)의 의미에서 국가사무(staatliche Aufgaben), 그 중에서도 행정사무(Verwaltungsaufgaben)를 조직법으로부터 독립하여 처리시키기 위해 사인에게 위임하는 것"으로 보고 있다.; Steiner, a.a.O., S. 4.

신의 이름으로 수행하는 근거로 되는 자연인 또는 사법상 법인의 법적 지위를 갖는 자이다"110)라고 규정하였고, Mennacher는 "국가가 사법상의 자연인이나 법인에 대해 그들의 경제적, 사회적, 문화적 또는 그 외의 활동과 관련하여 공권력의 행사를 자신의 이름으로 수행하도록 법정립행위에 의해 위임할 때, 特許받은 사인이 존재하게 된다"111)고 설명하고 있다.112)

獨逸에서는 '私人에 대한 行政權限委任'의 類型113)은 국가사무를 위탁받아 자신의 명의로 독립적으로 계속적으로 행사하는 '公務受託私人'114)과 행정사무의 수행에 있어 행정기관을 도우며 행정사무를 처리하지만 자신의 이름으로 권한행사를 할 수 없는 '행정보조자'(Verwaltungshelfer)로 나눌 수 있는 것이 일반적이다.115)116)

---

110) Rüdiger Michaeliis, Der Beliehene-Ein Beitrag zur Verflechtung von öffentlichem und privatem Recht, 1969, S. 69.

111) Mennacher, Begriffsmerkmale und Rechtsstellung der mit öffentlicher Gewalt beliehenen Hoheitsträger des Privatrechts, 1963, S. 136.

112) 이들 견해를 종합하면 特許의 개념요소는 ① 대상, ② 상대방, ③ 상대방의 활동양식에 관한 위임의 태양으로 요약되며, 獨逸에서는 위 세 가지 개념요소 중 위임의 대상 즉 特許의 대상에 관하여 견해의 대립이 심하다고 한다.

113) 신보성, 사인에의 행정권한 위임의 법적 고찰, 법조, 2000. 7., 82면.

114) Beliehene의 해석과 관련하여 '公務受託私人'이라는 표현을 쓰는 것이 일반적이나 '行政事務受託私人'이라는 용어를 사용하는 견해(김철용, 행정법 II, 박영사, 2001. 137면.)도 있고, 또한 '公權受託私人'이라는 용어를 사용하는 견해(이원우, 전게논문,)도 있다.

115) 참고로 Ossenbühl과 같은 학자는 사인에 의한 행정권한의 독립적인 수행 이외의 형태도 포함시키는데 이에 따라 사인에 의한 행정사무수행의 양식을 ① 국가 그 밖의 통치단체가 직접적으로 국가행정사무를 수행하기 위하여 사법주체의 외관을 이용하는 경우, ② 국가가 국가행정사무의 수행을 실질적인 의미에서의 사인 및 사적 단체에 위임하는 경우 ③ 관련 사무의 수행을 공법상의 시민의무로서 직접적으로 사인에게 고유의 사무로 과하는 경우, ④ 국가에 의한 감독 하에서 국가부담경감적인 사인활동으로 특징짓는 경우, ⑤ 국가가 사인의 행동을 자극하고 촉진하는 경우, ⑥ 국가가 사인과 협동하는 즉, 국가가 공동으로 책임분담하고 결정분담하면서 행정을 행하는 경우 등 6가지 유형을 들고 있다.; Fritz Ossenbühl / Hans-Ulrich Galwass, Die Erfüllung von Verwaltungsaufgaben durch Private, VVDStrL 29(1971), S. 143.

116) 이러한 구별은 행정권한을 위임 받은 사인이 행하는 활동의 방법에 관련된 것으로서 特許者와 보조자의 구별이다. 행정보조의 종류에는 사인이 독립적으로 의사결정을 할 수 있는 獨立行政補助(광의의 행정보조)와 행정으로부터 구체적인 지휘·명령을 받아 행정활동을 수행하는 從屬的 行政補助로 구별된다.
Steiner는 特許도 일종의 행정보조라는 취지에서 독립행정보조를 다시 ① 特許(公務受

독일행정법학에 있어서 사인에 대한 행정권한위임을 활용함에 있어서 오토 마이어는 "公企業의 特許" 또는 "特許企業" 등의 이론을 토대로 "사인에 대한 행정사무" 또는 "행정권한의 위임"을 연구 대상으로 하였고 이러한 特許, 特許企業의 이론은 현재까지 그 이론적인 구조를 유지하고 있다.117)

2. 私人에 대한 行政權限委任과 區別概念

첫째 私人에 대한 行政權限委任(Verleihung)와 許可(Erlaubnis)와의 구별이다. 特許는 권리 또는 포괄적인 법적 지위를 설정하는 형성적 행정행위이나 허가는 이미 존재하는 일반적 회복목적의 금지를 구체적인 경우에 해제하여 자연적 자유를 회복시켜주는 명령적 행정행위라고 보는 것이 전통적인 견해이다.

둘째 特許(Konzession)와 私人에 대한 行政權限委任(Verleihung)과의 구별이다. 特許118)는 국가의 독점에 의해 사인이 원칙적으로 배제되어 있는 활동 영역에 있어서 사인의 행동의 자유회복을 내용으로 하는 것으로서 주로 特許 企業과 같은 '상공업적 서비스'를 대상으로 하며, 私人에 대한 行政權限委任은 일정한 특수한 국가적인 행정활동(행정적 서비스)를 그 대상으로 한다는 점에서 양자는 구분된다.

3. 私人에 대한 行政權限委任의 內容

가. 私人에 대한 行政權限委任의 對象

私人에 대한 行政權限委任의 對象과 관련하여 獨逸에서는 견해의 대립이

託私人), ② 사인에 의한 "기술적 이행보조", ③ 사인의 "국가부담경감적 활동"으로 나누고 있다.; Udo Steiner, Allgemeines Verwaltungsrecht, 12. Aufl., 1999, S. 106ff.

117) H. R. Kurz / R. Naumann(Hrsg.), Staatsbürger und Staatsgewalt, Bd. Ⅱ, 1963, S. 255ff.

118) 特許(Konzession)는 통일된 법제도가 아니라고 주장하는 견해가 있다.; Erich Kaufmann, Verwaltung, Verwaltungsrecht, in ders., Autoriät und Freiheit, Gesammelte Schriften, Bd. 1, 1960, S. 75ff.

있다. Otto Mayer의 公企業特許理論, 事務理論(任務理論)(Aufgabentheorie), 權限理論((Kompetenztheorie od. Befugnistheorie) 또는 法的 地位理論(Rechtsstellungstheorie), 그리고 結合理論이 그것이다.

간략하게 본다면 첫째 'Otto Mayer의 公企業特許理論'은 私人에 대한 行政權限委任(特許)라 함은 "特許者에 대하여 공행정의 일부를 자신의 이름으로 행사할 수 있는 법적 힘(rechtliche Macht)을 부여하는 행정행위"를 의미한다. 따라서 이에 의하면 수권의 대상은 "공행정의 일부를 자신의 이름으로 행사할 수 있는 법적 힘"이 된다.[119] 特許가 公企業으로서 특별한 목적에 의하여 한정되어 있는 활동을 대상으로 할 때 오토 마이어의 '公企業特許'로 파악할 수 있다.

Mayer는 特許의 예로서 '공물의 특별이용권'과 '公企業의 경영권'을 제시하고 있다. Mayer가 의미하는 公企業은 프랑스의 '公共서비스'에서 그 모범을 찾을 수 있는데 公共서비스의 영역은 국가가 회사에 대해서 형성적으로 개입하는 모든 활동 즉, 경찰 및 세무행정 이외의 모든 국가행정을 포함한다. Mayer는 公企業特許의 예를 도로 및 운하의 特許, 교량과 통행시설의 特許, 철도의 特許, 전신시설의 特許, 라이히(제국)은행 등을 들고 있다.

둘째 事務理論(任務理論)(Aufgabentheorie) 特許의 대상을 사적 사무와 구별되는 특수한 공적 또는 국가적 사무의 위임에 한정하여 정의하는 입장이다.[120]

셋째 權限理論((Kompetenztheorie od. Befugnistheorie) 또는 法的地位理論(Rechtsstellungstheorie)[121]은 特許의 대상을 高權的(hoheitlich)·權力的(obrigkeitlich) 權限의 委任으로 이해한다. 이 견해는 국가가 독점하는 공권력의 행사는 사인

---

119) O. Mayer, Deutsches Verwaltungsrecht, 2. Bd., 2. Aufl., 1924, S. 431; 3. Aufl., 1924, S. 243.

120) Huber Wirtschaftverwaltungsrecht Ⅰ, S. 533.: Hans Peters / Fritz Ossenbühl, Die Übertragung von öffentlich-rechtlichen Befugnissen auf die Sozialpartner unter besonderer Berücksichtigung des Arbeitsschutzes, 1967, S.39.

121) Jullius, Lehrbuch des deutschen und preußischen Verwaltungsrechts, 7 / 8. Aufl. 1931; Wolfgang Martens, Öffentlich als Rechtsbegriff, 1969, S. 133f.; Michael Krautzberger, Die Erfüllung öffentlicher Aufgaben durch Private, 1971, S. 116; B. Drews / G. Wacke / K. Vogel / W. Martens, Gefahrenabwehr, 9. Aufl., 1986, S. 59.

의 권한행사와 명백히 구별된다는 것을 전제로 한다.

마지막으로 結合理論은 현재의 다수설로서 사무이론 및 권한이론이 갖는 결점을 극복하고자 양이론의 전제인 사무와 권한의 두 요소를 결합시켜 特許의 대상을 판단하려는 이론이다. 이 견해는 '特許'를 '국가적인 사무의 수행 및 이에 수반하는 공권력행사권한 등의 위임'으로 정의한다. 이 견해에 따르면 단순고권적인 활동도 特許의 대상으로 포함되게 된다.

나. 私人에 대한 行政權限委任의 相對方

特許의 상대방은 사법상의 자연인·법인 모두 가능하다. 이와 관련하여 권리능력 없는 사단도 긍정하는 견해가 있다.[122) 반면 공법상의 단체는 명시적 또는 묵시적으로 特許의 상대방이 될 수 없다고 부정하는 견해가 유력하다[123)

다. 私人에 대한 行政權限委任의 成立과 消滅

(1) 私人에 대한 行政權限委任의 成立과 관련하여 獨逸에서는 私人에 대한 行政權限委任의 성립이 통상 법률에 의하거나 行政處分으로 인해서 성립한다고 보는 데 이론이 없으나 私法契約 또는 公法契約의 형식도 가능한가에 대하여는 견해대립이 있다.

法律에 의한 特許는 첫째, 법률상의 요건이 충족되면 다른 부가적인 행위 없이 바로 요건사실의 충족으로 효과 즉 特許가 이루어지는 경우이다.[124) 두 번째, 법률이 직접 개별적·구체적으로 사인에 대해 국가적 사무의 수행을 위임함으로써 特許가 이루어지는 경우이다.[125)

---

122) 나아가 권리능력 없는 사회적 형성체(nichtrechtsfähige Sozialgebilde)도 特許者의 지위를 가질 수 있기 때문에 特許의 상대방을 "사법상의 법주체"라는 표현은 피해야 한다는 견해가 있다. Peters / Ossenbühl, a.a.O., (N. 33), S. 38 FN. 95

123) 공법상의 단체는 特許의 상대방으로서 명시적으로 부정된다는 견해가 있다. Jügen Terrahe, Die Beleihung als Rechtsinstitut der Staatsorganisation, 1961, S. 82.

124) 선원법 제25조에 의한 선장(또는 호적법 제54조의 선장), 항공안전및보안에관한법률 제22조의 기장 등이 예로 거론된다.

125) Michaelis, Der Beliehene-Ein Beitrag zur Verflechtung von öffentlichem und privatem Recht, 1969, S. 136.

行政의 個別的 行爲에 의한 경우에는 行政行爲, 公法上 契約 또는 私法
契約 등 개별적 행위에 의하여 私人에 대한 行政權限委任이 이루어지는 경
우가 있다. 행정행위 이외의 공법계약에 의해 特許가 이루어질 수 있는지 어
떤지에 대하여는 獨逸에서는 전통 행정법의 영향으로 인하여 종래 견해의 대
립[126]이 있었으나 긍정하는 것이 지배적인 경향이다. 특히 긍정설은 독일 연
방행정절차법 제54조에서 公法上 契約 締結을 명문으로 인정하고 있다는 것
을 논거로 하고 있다. 마지막으로 사법계약에 의한 特許를 인정하는 견해[127]
도 있었지만 현재에는 特許의 효력이 공법상의 법 관계를 형성·변경한다는
점에서 이를 부정하는 것이 지배적이다.[128] 이러한 논의는 프랑스 행정법상
行政契約에 의하여 사인의 지위를 公役務修行者로서의 지위를 부여하는 것
이 일찍부터 일반화되어 있었던 것과 달리 獨逸에서는 행정법영역의 행위형
식도 行政處分(Verwaltungsakt) 중심의 권력행정이 절대적 위치를 차지하고
있었으므로 行政契約의 행위형식을 인정하게 된 것도 얼마 되지 않기 때문에
獨逸에서 特許의 설정도 계약의 형식으로 가능한가에 대하여 의문을 품는 것
도 이 때문이다.

(2) 委任關係의 終了와 관련하여 법규에 의하여 特許關係가 자동적으로 종
료하는 소멸에 의한 경우와 권한을 부여한 행정청이 特許를 취소되는 경우가
있다.

라. 私人에 대한 行政權限委任의 限界와 法的 規制

위임의 한계의 문제는 私人에 대한 행정권한을 위임할 때 獨逸基本法 제
33조 제4항[129]의 "高權的 權限(hoheitsrechtliche Befugnisse)"이 무엇을 의미

---

126) 공법계약에 의한 特許를 부인하는 견해 (Wolfgang Siebert, "Rechtsstellung und Haftung
    der Technischen Überwachungsvereine im Kraftfahrzeugprüfungswesen", 1957, S. 26.)
    와 긍정하는 견해(Hans J. Wolf / Otto Bachof, "Verwaltungsrecht II", 4. Aufl., 1976, S.
    104)가 있다.
127) Walter Jellinek, Verwaltungsrecht, 3. Aufl., 1931, S. 527.
128) 독일행정법에서도 독일행정절차법 제54조에서 '공법계약'의 정의를 공법상의 법 관계를
    설정·변경·소멸시키는 계약이라고 규정하고 있다는 것도 하나의 근거가 될 수 있다.

하는가에 대한 논의이다. 위 규정의 성격에 대하여 소위 '機能留保(Funktio-nsvorbehalt)[130]' 즉 高權的 權限의 행사를 제도적인 의미에서의 행정의 담당자 중에서도 공무원(직업공무원)에 유보하고 있다는 것으로 이해한다. 高權的 權限에는 侵害行政뿐 아니라 配慮行政이나 資金造成行政 등도 포함한다고 해석하는 것이 다수의 견해[131]이다. 최소한 공권력의 행사를 동반한 침해행정의 권한이 포함된다는 것은 일치하고 있다.[132] 또한 행정청에 의한 결정의 전 단계 및 집행단계에서 행하여지는 순수기술적인 준비행위와 사실행위인 집행행위 및 사경제작용인 국고활동에 대해서는 사인에게 얼마든지 위임 가능하다고 본다. 또한 獨逸基本法 제33조 제4항의 "계속적인 사무로서 원칙적으로"라는 문언을 "기능유보"에 한정하는 것으로 해석하여 "원칙에 대한 예외로서 일시적으로" 고권적인 권한의 행사도 직업공무원이 아닌 자에 위임할 수 있다는 취지로 해석된다.

私人에 대한 行政權限의 委任에 대하여 法律의 授權이 필요한가의 문제가 있다. 즉 이것은 '私人에 대한 行政權限의 委任行爲에 대한 法律留保의 原則(Der Vorbehalt des Gesetzes)의 적용' 문제이다. 이에 관하여 독일 행정법에서는 행정의 특정행위에 대해 개별적인 법률의 수권을 요하는가 여부에 관련해서 법치국가의 요청에서 비롯하는 '법치국가적인 법률유보론'(rechtsstaatlicher

---

129) 獨逸基本法 제33조 제4항 '高權的 權限의 行使는 계속적 사무로서 원칙적으로 공법상의 勤務關係, 忠誠關係에 있는 公務員에 맡겨야 한다'(Die Ausübung hoheitlicher Befugnisse ist als ständige Aufgabe in der Regel Angehörigen des öffentlichen Dienstes zu übertragen, die in einem öffentlich-rechtlichen Dienst-und Treuverhältnis stehen).

130) Paul Kirchhof, Der Begriff der hoheitsrechtlichen Befugnisse in Artikel 33 Absatz IV des Grundgesetzes, 1968, S. 15 ff.

131) Klaus Stern, "Das Staatsrecht der Bundesrepublik Deutschland", Bd. I, 2. Aufl., 1984, S. 347 ff).

132) 고권적 사무수행의 특수성으로부터 오는 기능적인 正統化가 공무원관계의 특수성을 필요로 하는 것이라는 이유로 제34조 제4항을 그 문언 및 성립사에 따라 협의로 해석해야 한다는 견해도 있다(Gunnar F. Schuppert, in: Axel Azzola u. a. (bearb. v.), Kommentar zum Grundgesetz für die Bundesrepublik Deutschland Bd. 2, Art. 33 Abs. 4, 5, Rdn. 26 ff.). 이 반대견해는 국가활동의 확대라고 하는 국가사무질서의 변화의 문제와 근무법상 기능유보는 존재의 평면이 다르다는 것은 이유로 하고 있다.

Gesetzesvorbehalt)과 '제도적 법률유보론'(institutioneller Gesetzesvorbehalt)으로 나뉘어져 있다.

전자는 法治國家的 法律留保論은 권한위임에 의하여 위임자와 수임자 사이에 일정한 권리의무관계가 발생하며 특히 행정청은 수임자에 대해 지휘 감독관계가 발생하고 또한 수임자의 행위는 공행정작용이 되어 결국 국민에게 영향을 미친다는 점에서 법률의 수권이 필요하다고 본다.[133] 다만 법률에 의해 私人에 위임할 수 있다고 하더라도 그 委任의 범위는 위임행정기관의 권한을 넘어서거나 상응할 만한(vergleichbar) 권한이 주어져서는 안 되며, 국가는 監督義務(Kontrollpflichten) 내지 保證義務(Gewährleistungspflichten)를 진다.[134]

후자의 制度的 法律留保란 민주주의 국가에 있어서는 국가조직의 改變行爲는 민주주의 원칙에서 유래하는 制度的 法律留保에 복종되어야 한다는 것이다. 이는 '정치적 또는 헌법구조상의 이유로 인하여 일정의 조직적인 제도(Einrichtungen) 그 자체의 형성 및 설치는 입법자에 유보된다[135]'는 것이다.

Ⅲ. 獨逸의 民間投資方式의 法的 性質

1. 獨逸의 民間投資方式의 種類

민간투자절차 특히 도로건설과 관련하여 법적 성질에 따른 종류를 나누면 두 가지가 있다.[136] 즉 자본조달, 건설단계까지를 민간에 위임하는 '特許모델'과 재원조달, 건설, 관리(통행료 징수 포함)까지 전체적인 프로젝트를 민간

---

133) 박해식, 한국증권업협회가 한 협회등록취소결정의 법적 성격, 법조 제546권, 2002. 3., 70면.
134) Rupert Scholz, Verkehrsüberwachung durch Private, NJW 1997, S. l8; Christoph Gusy, Rechtsgüterschutz als Staatsaufgabe-Verfassungsfragen der 'Staatsaufgabe Sicherheit', DÖV 1996, S. 583.
135) Böckenförde, a. a. O., S. 95.
136) 米丸恒治, 私人による行政-その法的統制の比較研究, 日本論評社, 1999, pp.230-232.

회사에 위임하는 '經營者모델'로 나눌 수 있다.

가. 特許모델(Konzessionmodell)

獨逸에서 特許모델은 1992년 전후부터 사용되기 시작했다. 독일연방차원에서는 1992년 1월 29일 및 1992년 7월 15일의 내각은 6건의 연방도로건설이 민간자본에 따라 진행되도록 결정하였다.

1994 會計年度에 이르러 6건의 프로젝트가 민간투자프로젝트로서 도입되고 있다. 이것은 토지의 취득 이외의 건설비를 민간자본에 수여하는 방식이며, 신속한 자본조달에 따라서 1994년부터 2002년까지에 38억 8900마르크의 자금이 민간으로부터 조달되었다.

이 프로젝트에는 민간이 당초 조달한 건설비 등에 기초하여 건설한 도로를 연방이 매수하여 취득하고 연방은 도로건설비, 도로건설기간 중의 자본조달에 있어서의 이자 및 상각 기간 중의 이자를 건설이 완료되어 공용개시 된 후에 상환하기 시작하는 구조를 취하고 있다. 이 방식은 特許모델이라고 부른다. 이에 따라 신속한 도로 인프라의 정비가 요구됨에도 불구하고 필요한 재원이 없는 상황을 타개하고 재정부담을 장래로 연기한다는 장점이 나오게 되었다.

다만 그 모델에 있어서는 법령의 개정에 의하여 구체적인 도로의 취득방식(먼저 건설하고 나중에 대금을 지불하는 방식)이 변화하지 않는 한 종래의 '直接方式(또는 直轄方式)'과 변함이 없다. 그래서 특허모델방식에 관해서는 종래의 직접방식에 의한 경우보다도 재정부담이 크게 된다는 비판이 뒤따른다. 그래서 道路使用料를 징수하는 권한까지 민간에 부여해서 상각하는 단계까지 민간에 위임하는 방식 후술하는 '경영자모델(Betreibermodell)'이 나오게 되었다.

재정통제의 점에서는 종래의 '직접방식'의 재원조달과 비교하면 도로건설비가 당초의 예산에는 계상된 도로가 완성되고 상환이 개시되면 예산상 파악이 된다. 그런데 1993, 1994 도로건설보고서에 따르면 이 민간투자가 도입된 도로건설 프로젝트는 이미 연방차원에서 12건의 特許方式이 행해졌고, 민간투자프로젝트 자금총액 38억 8900만 마르크는 1993년이 연방도로건설비 76억 1790만 마르크에 비교할 때 거의 절반에 이르는 것으로서 이미 民間投資事業의 실적이 한걸음씩 증가하고 있음을 보여준다.

나. 經營者모델(Betreibermodell)

민간투자방식의 제2유형 '경영자모델'은 도로건설과 관련하여 '도로건설민간투자자금조달법'(1994년 9월 3일 제정)에 의한 것이다.

동법은 연방장거리도로의 건설, 유지, 경영 및 자금조달의 사무를 통행료의 징수까지 포함해서 사인에게 위임하는 것을 목표로 하고 있고, 이 민간투자방식이 경영자모델이다. 이 경우 재원부족으로 인하여 당면한 도로의 건설이 불가능한 사업을 조기에 실현하는 것이 가능하다는 점이 있다. 특히 건설비용의 상환은 민간사업자에 따라 통행료의 징수가 행하여지는 점에서 연방재정에 부담이 거의 없다는 특징이 있다.

특이할 점은 '통행료 징수' 자체는 유럽법의 규율을 받고, 대상은 ① 지역관통도로를 제외한 아우토반 및 연방도로의 안, 교량, 터널 및 산악도로, ② 지역관통도로를 제외한 아우토반유사의 연방도로에 한정한다.

경영자모델에 따른 민간투자프로젝트는 두 종류의 신설사업부분에 한정되는 것으로 되어 있다. 민간투자자금조달법은 경영자모델에 따른 민간사업자에는 연방장거리도로의 건설, 유지, 운영 및 자금조달을 위임하는 것이 가능해지지만, 법적으로는 연방장거리도로법 제7a조, 제16a조 제3항, 제18f조, 19조, 제19a조의 도로건설의무자(Straßenbaulastt-räger)의 권리의무가 수여된다.

일방적인 권한은 통행료의 징수권한(사인에 대한 권한 위임에 따라 위임한다)만을 민간사업자에게 부여하고, 징수한 통행료 수입은 민간사업자의 수입이 되고, 도로건설비의 상환에 충당된다. 통행료의 금액, 징수, 구간에 관하여 정함은 연방교통부에 의한 부령에 따른다.

獨逸의 民間資金調達法은 시작할 때는 우선 민간투자프로젝트의 법적 기준을 세우고 나서 구체적인 민간투자노선, 규모 등의 결정은 실시사업단계에서 구체화된다.

2. 特徵 및 私見

獨逸에서는 도로건설 등의 민간투자에 위 두 방식을 이용한다. 근본적으로
는 위 特許모델은 사업비의 상환이 뒤에 이루어지는 것이고, 따라서 민간의
통행료징수까지 권한을 위임한 獨逸의 '민간경영자모델'이 우리나라의 민간
투자절차와 좀더 유사하다. 특이할 점은 '민간경영자모델'에서의 민간사업자
의 권한은 통행료징수부분에만 강제적, 일방적 권한을 위에서 살펴본 '사인에
대한 권한 위임법리'에 따라 위임한다는 것이며 다른 부대사업실시권 등은 찾
아볼 수 없다. 결국 이러한 점은 우리나라 民間投資事業의 사업시행자의 권
한과 비교해 볼 때 우리나라의 경우가 훨씬 넓다는 점이 확인된다.

이상에서 살펴본 바와 같이 법률적으로 평가하면 私見으로는 獨逸에서는
민간투자의 방식은 통상적으로 特許모델와 민간경영자모델방식으로 수행하는
데 이를 우리나라의 민간투자절차에 비추어본다면 우리나라의 BOT, BTO방
식의 경우 수익권 내지 관리사용권에 기하여 실질적으로 使用料 징수권한이
있으므로 獨逸이 양자 결합된 모델 모두를 사용하고 있는 것으로 보인다.137)

第4節 美國의 政府契約論(Government Contract)

미국에서 연방정부(The federal government)는 가장 규모가 큰 계약자이다.
연방정부의 계약은 소비재, 서비스, 군사물자 등이 주를 이룬다. 정부의 소비

---

137) 사견으로는 獨逸의 두 가지 민간투자방식은 프랑스법에서 볼 때에는 '民間의 協力(offre de
concours)에 의한 公共서비스特許 계약 (concession)'의 일종으로 해석될 수 있다.

는 民間部門의 소비와 다른 다음의 세 가지 특징을 이룬다.138)

첫째, 정부계약은 자금의 남용을 막기 위해 강하게 규제를 함으로써 행정기관들의 정책과 실천의 통일성을 보장한다. 둘째, '정부계약의 조건(contract terms)'은 정부의 변호사단에 의해 주의 깊게 만들어진 것이며 또한 종종 과거의 계약에 대한 사법적인 판단을 통하여 명확한 의미를 가지게 된 것이다. 이에 따라 어느 민간이 정부계약에 관하여 문제되는 이슈에 대하여 언제든지 변호사의 도움을 통하여 컨설팅을 받도록 만들어졌다는 것을 뜻한다. 셋째, 정부계약은 사법상의 계약에서 일어나는 것보다 완전히 다른 절차적인 경로를 가지고 있기 때문에 정부의 특별한 지위성에 대하여 논란이 많다.

미국의 연방기구 중에서 국방성(The Department of Defense; DOD)이 가장 규모가 큰 계약자이다. 국방성에 있어서 조달계약체결장교는 계약을 締結할 권한을 가지고 있고 또한 행정계약수행장교가 계약의 수행을 감독하며, 계약종결장교는 계약종료사유의 발생시 정부를 대표한다. 정부의 모든 기관에서는 특정개인들이 조달담당관의 역할을 담당하고, 오직 그들은 정부를 구속하는 권한을 가진다.

정부계약에 대한 연방법규는 '聯邦調達規則'(The Federal Acquisition Regulations; FAR)이다. 연방조달규칙(FAR)은 연방조달청 (The General Services Administration; GSA)에 의하여 다루어진다.

국가 기관, 지방자치단체, 주법하에서 운영되는 공공기관들은 유사한 정부공사계약 규제하에 놓이게 되나 이것은 주정부차원에 그친다.

I. 政府契約法의 內容

미국의 정부계약관련 법령은 살펴보면 '연방법률'(Federal Statute)로서 'U.S. Code: 41 U.S.C.'가 있고 '연방규칙'으로서 'Title 41 C.F.R.' 및 'Federal

---

138) http://www.law.cornell.edu/topics/government_contracts.html 참조

Acquisition Regulations'(FAR) 이 있다.

1. U.S. Code: 41 U.S.C.[139]

본 법은 2003. 6. 24. 자로 효력 발생되어 시행되는 연방법률로서 U.S. Code Title 41에 "Public contracts"에 대하여 규정하고 있다. 동법률은 제10장(Chapter)로 되어 있는데, 제1장 일반조항(General provisions), 제2장 군수계약의 종결(Termination of war contract), 제3장 무장서비스에 의한 공급 및 용역의 조달(Procurement of supplies and services by armed services), 제4장 조달절차(Procurement procedures), 제5장 행정행위에 대한 사법심사(Judicial review of administrative), 제6장 서비스계약의 노농기준(Service contract labor standards), 제7장 연방조달정책업무(Office of federal procurement policy), 제8장 연방수여 협력서(Federal grants and cooperative agreement), 제9장 계약의 분쟁(contract disputes), 제10장 마약 없는 직장 (Drug-free workplace)으로 되어 있다.

2. 'Title 41 C.F.R.'(Code of Federal Regulations)

연방규제법전의 제41편(Title 41) '공공계약과 재산의 관리(Public Contracts and Property Management)'에 대하여 규정하고 있다. 이에 대하여 하위 주제로 연방재산관리규칙체제(Federal Property Management Regulations System), Federal Property Management Regulations System (Continued), 기타 재산관리와 관련된 규정들(Other Provisions Relating to Property Management [Reserved]), 연방정보재원관리규칙체제(Federal Information Resources Management Regulations System), 연방교통규칙제제(Federal Travel Regulation System) 다섯 가지가 있다.

---

139) http://www.law.cornell.edu/uscode/html/uscode41/usc_sup_01_41.html 참조.

3. ‘聯邦調達規則(Federal Acquisition Regulations)’140)

정부계약과 관련하여 미국의 연방정부기관이 공공계약을 체결할 때의 契約
方法 및 契約條件을 정한 것이 ‘연방조달규칙’이다. 연방조달규칙은 53節로
구성되어 있는데, 그 안에 제36절 건설공사 및 건축·토목설계계약(Construc-
tion and Architect / Engineer Contracts)에서 건설계약에 관련되는 규정을 두
고 있다.

제36절은 주로 계약서에 기재해야 하는 조항(표준계약서식)을 규정한 것으
로, 각 조항의 문구는 제52절에 규정되어 있다. 연방조달규칙은 일종의 標準
都給工事契約書로서의 기능을 한다.

Ⅱ. 政府契約의 特徵

公私法의 區別이 원칙적으로 인정되지 않는 英美法에 있어서도 정부계약
은 이행상의 불평등성의 요소가 있으며 일종의 행정특권이 존재하는 것이다.

첫째, 대부분의 정부계약은 ‘편의종결(Termination for Convenience)조항’141)
을 둔다. 이 조항에 의하여 정부는 ‘정부의 이익’(the Government’s interest)이
라고 판단할 때 어느 때라도 이유 없이 계약의 전부 또는 일부를 종결시킬 수
있다. 계약담당관은 계약자에게 종결의 범위(the extent of termination) 및 시점

---

140) 연방조달규칙’(Federal Acquisition Regulations: FAR)이 제정되기 전에는 표준계약약관 방
식이 채택되고 있었다. 가장 최근은 FAR은 2004.11.4.자로 개정된 FAC 25에 의한 수정
조항을 포함한 것이다.

141) FAR 52.249-2 (Termination for Convenience of the Government; Fixed-Price), 52.249-3 (Termination
for Convenience of the Government; Dismantling, Demolition, or Removal of
Improvements). 52.249-4(Termination for Convenience of the Government; Services, Short
Form), 52.249-5 (Termination for Convenience of the Government; Educational and Other
Nonprofit Institutions), 52.249-6(Termination for Convenience of the Government;
Cost-Reimbursement), 52.249-7(Termination for Convenience of the Government;
Fixed-Price Architect-Engineer).

(the effective date)을 특정하여 계약종결고지를 통지하여 계약을 종료시킬 수 있다. 계약통지를 받은 契約相對方은 (1) 고지받은 일을 중지할 것, (2) 하도급계약이나 주문을 종료할 것, (3) 당해 정부계약과 관계된 모든 하도급계약을 종료시킬 것, (4) 정부에 대하여 당해 계약자의 모든 권리(right), 자격(title), 이익(interest)을 정부계약담당관(the Contracting Officer)의 지시에 따라 양도할 것, (5) 이 경우 정부는 정부계약담당관이 인정하는 범위 내에서 계약의 종료로 인한 발생하는 책임을 부담한다. 이러한 정부의 특권은 정부의 구매상의 필요, 즉 납세자들의 부담경감과 상황과 기술의 변화에 적응하기 위한 목적에서 행해진다. 예컨대 무장해제(Dismantling)로 인한 군수품의 불필요, 파괴(Demolition), 기술진보로 인한 이전(Removal of Improvements)등이다. 다만 정부는 악의나 재량권을 남용하여 계약을 종결하여서는 안 된다.

둘째, '변경(Changes)조항'142)이 있다. 즉 변경조항은 정부의 계약담당관(Contracting Officer)이 언제든지, 보증인 등에게 알리지 않고 서면으로 변경지시를 하고나 변경주문을 하여 일을 변경시킬 수 있다. 변경대상은 (1) 설계, 디자인 등의 시방서내용(In the specifications (including drawings and designs), (2) 공사의 수행에 있어서 기술이나 방식(In the method or manner of performance of the work), (3) 정부가 제공한 시설, 장비, 물건, 서비스, 장소(In the Government-furnished facilities, equipment, materials, services, or site), (4) 공사이행에 있어서 직접적인 증가(Directing acceleration in the performance of the work)이며, 서면이나 구두로 지시, 해석, 종결을 명할 수 있고 정부는 계약의 범위 내에서 일방적으로 계약의 수행 도중에 계약을 변경할 수 있다.

---

142) FAR 52. 243-4(Changes), 52.243-5(Changes and Changed Conditions), 52. 243-6 (Change Order Accounting), 52.243-7 (Notification of Changes).

第5節 檢討 및 私見

위에서 살펴본 바와 같이 민간투자계약은 '行政契約'으로서 이는 獨逸에서의 공법상 계약과 유사하며 이는 행정청이 맺는 계약형식의 행정작용 중 종래 獨逸의 國庫(Fiskus) 개념에서 유래하는 私法契約과 엄밀히 구별된다. 따라서 연혁적인 면에서 볼 때 민간투자계약은 사실상 일찍부터 다양한 내용의 行政契約의 형태로 公役務를 제공하고 발전시킨 프랑스의 경우에 있어서 公共서비스特許契約의 성질을 주로 가지고 있다고 풀이된다. 獨逸에서는 민간투자의 방식이 '特許'모델과 '민간경영자모델'방식으로 많이 시행되는데 이러한 경우도 프랑스의 公共서비스特許와 상통하는 것이다.

사견으로는 위와 같은 복합적인 민간재정참여라는 공통된 성질 속에서 우리나라 현행 民間投資法상의 '民間投資制度'의 법적 개념을 정의하면 "급부행정에 관련된 公的 管理行政의 영역에 있어서 민간이 公行政主體와의 협력하에 자신이 재정적으로 전부 또는 일부를 투자하여 사회기반시설 및 공공시설을 자신의 기술로 건설하고 일정한도의 수익을 보장받는 상태에서 건설한 시설물을 공중에 제공하고 이를 이용하는 이용자로부터 使用料를 강제로 징수할 수 있는 관리이용권이나 사용권을 特許받는 것을 내용으로 하는 특수한 '行政契約'인 實施協約을 본질로 하는 공법제도"라고 정의할 수 있다.

第4章
現行 우리나라 民間投資法制의 法的 問題

第1節 序 言

Ⅰ. 問題의 提起

앞장에서는 現行 우리나라 民間投資制度의 法的 性格을 규명하고자 프랑스, 獨逸, 美國의 民間投資制度와 公共서비스特許契約, 政府工事契約 等에 대하여 살펴보았다.

본 장에서는 우리나라 民間投資法의 內容을 公法的인 시각에서 法的 問題를 제기하고자 한다.

民間投資事業施行節次를 보면 민간투자사업의 출발은 행정계획으로부터 출발한다. 그런데 民間投資法에 의한 民間投資事業의 사업추진절차는 ① 主務官廳이 對象事業을 발굴·선정하여 사업제안자를 모집하는 '政府告示方式'과 ② 民間이 事業을 發掘하여 主務官廳에 사업을 제안하는 '民間提案方式'으로 나뉜다. 두 방법의 가장 큰 차이점은 누가 사업에 대한 타당성 분석을 통하여 대상사업을 발굴하는가 하는 것이다. 이러한 양자의 사업방식은 이전에는 政府告示方法으로 인한 民間投資事業이 주를 이루었으나, 최근 政府의 적극적인 民間誘致의 정책에 힘입어 민간제안방법으로 인한 사업시행이 절대적으로 많은 실정이다.

먼저 前者는 대상사업 지정, 主務官廳의 시설사업기본계획 수립 및 고시, 民間部門의 사업계획서 제출, 사업계획의 검토 및 평가를 통한 協商對象者

지징, 實施協約 締結을 위한 협상, 實施協約 締結을 통한 事業施行者의 시
정, 事業施行者의 실시계획 승인신청, 실시계획 승인, 공사시행, 준공, 시설의
管理運營의 절차를 거쳐 이루어진다.

後者의 사업 추진 절차는 民間部門에서 主務官廳에 민간제안서를 기획해
서 제출하면, 主務官廳은 형식적 요건의 구비여부 및 법령 및 主務官廳의 정책
과의 부합여부를 검토하고, PICKO(민간투자지원센터)에 民間部門의 제안서
內容을 검토 의뢰하며, PICKO에서는 당해 제안서의 內容을 검토하여 검토의
견을 제출하면 主務官廳은 제안서를 채택하는 경우 제안내용을 공고하고 다
른 제안이 없을 경우 제안자를 協商對象者로 지정 후 협상과정을 거쳐 실시
협약을 체결함으로써 事業施行者로 지정하여 공사를 진행시키는 과정을 거치
고 만일 제3자의 제안이 있는 경우에는 최초제안서와 제3자의 제안서를 검
토·평가하여 이 중에서 協商對象者의 순위를 정하여 지정하고 먼저 우선협
상대상자를 대상으로 實施協約 締結을 위한 협상을 하여 實施協約 締結하며
事業施行者를 지정하며 만일 우선협상대상자와의 협상이 결렬되는 경우에는
차순위 협상대상자와 협상이 진행된다.

즉 '政府告示方式'의 경우 民間投資法은 매년 기획예산처장관이 수립하여
고시하는 민간투자사업기본계획(이하"기본계획"이라 한다)에 의거하여 당해
민간투자사업으로 지정된 대상에 관하여 主務官廳이 민간투자시설사업기본계

획(이하“시설사업기본계획”이라 한다)을 수립·고시하면 이에 의하여 민간사업자가 제출한 사업계획서를 검토하여 우선협상대상자를 지정하여 협의를 한 후에 實施協約을 締結함으로서 사업을 진행하게 된다. ‘民間提案方式’의 경우 民間投資法 제9조에 의한 民間部門의 사업제안을 통해서 하는 경우에도 기본계획의 이념 하에 제안서를 제출하여 主務官廳의 평가를 통하여 優先協商對象者 指定을 통하여 實施協約을 締結함으로써 사업자지정을 하여 民間投資事業을 진행시킨다.

두 방식 모두 民間投資法上 당해 民間投資事業에 대한 主務官廳은 민간사업제안자에 대하여 예비단계인 優先協商對象者로 지정하면서 협의를 하고 이에 따라 사업성 및 공익성이 인정되면 優先協商對象者와 實施協約을 締結하게 되는데 民間投資法에 의하면 實施協約을 締結하면 동시에 協商對象者이던 私人이 事業施行者로 지정된다. 事業施行者로 지정된 후에 시설을 준공하여 준공확인을 받으면 事業施行者는 일정기간 당해 社會間接資本施設에 대하여 管理運營權을 보장받게 되는 형식을 취하게 된다. 또한 實施協約의 締結 이후에 진행되는 主務官廳과 事業施行者사이의 事業施行方式과 建設될 公共施設에 대한 管理 및 運營權 등 모든 權利義務關係는 實施協約의 內容에 의하여 규율된다.

이상의 民間投資法上 民間投資事業을 시행하는 과정을 行政法的인 관점에서 보면 다음과 같은 問題가 提起된다.

첫째, 國家가 民間投資事業基本計劃을 樹立하고 이에 따라 關係法令에 의하여 당해 社會間接資本施設事業의 業務를 管掌하는 主務官廳이 對象事業으로 지정된 후 1년 내에 민간투자시설사업기본계획을 수립하는데 이는 전형적인 ‘행정계획’으로서 당해 행정계획의 성질 특히 구속적 계획인지 또는 비구속적 계획인지 여부 및 이에 대한 法的 爭訟方法 等이 문제된다.

둘째, 主務官廳이 實施協約을 締結하기 위하여 事業施行者를 指定하기 위한 前段階로서 먼저 協商對象者를 지정하는 행위의 法的 評價를 어떻게 할 것인지가 문제된다.

셋째, 主務官廳이 當該 民間投資事業에 대하여 民間事業意向者와 實施協約을 締結하면 民間事業者로 指定되는데 實施協約締結의 法的 性格이 문제된다. 왜냐하면 實施協約은 전형적인 '行爲特許로서의 行政契約'의 성질을 가짐과 동시에 民間事業者에 대하여 事業施行者의 地位를 부여하는 일종의 公務受託私人指定處分, 즉 行政處分의 성격을 띠고 있는 것으로서 '複效的 行政作用(Das Verwaltungshandeln mit Drittwir-kung)'의 성질을 가진다고 볼 수 있고 또한 당해 社會間接資本施設의 利用者에게는 장래에 事業施行者의 管理權에 服從해서 利用料金을 負擔해야할 義務를 지닌다는 점에서 소위 一般處分(Allgemeinverfügung)의 성격도 지니기 때문이다.

Ⅱ. 論議의 順序

본 연구는 民間投資法의 민간투자사업시행절차의 法的 爭點에 대하여 公法的 觀點에서 '協商對象者 指定處分의 處分性 및 法的 性格' 그리고 '民間投資法上의 實施協約의 法的 性格'과 '事業施行者의 地位' 및 이에 따른 '당사자들의 法的 爭訟'을 중심으로 고찰한다.

첫째, 民間投資法의 法的 性格과 관련하여 公法的 性格 및 民間投資法上의 特別法的인 地位規定에 대하여 규명하고자 한다. 특히 後者는 現行 民間投資法의 성격 특히 우선적용 조항으로 인하여 최근 憲法裁判所에 違憲法律 憲法訴願이 계쟁될 정도로 다툼의 여지가 있는 문제이다.

둘째, 최근 判例에서 문제된 바 있는 主務官廳의 優先協商者指定行爲의 法的 性質과 效力 및 이에 대한 爭訟方法에 대하여 살펴본다. 특히 協商對象者 指定行爲가 複效的 行政行爲로서의 處分性이 認定되는지 與否가 爭點이 된다.

셋째, 實施協約의 法的 問題를 고찰한다. 이와 관련하여 먼저 民間投資法上의 實施協約의 내용 및 실제 실무에서 締結한 사례인 '고양시 벽제 및 일산 下水處理場 實施協約書'를 중심으로 그 내용을 분석하여 '實施協約書'의 行政契約으로서의 法的 性質 및 公法上 權利義務의 制限 내지 行政契約의 特徵에 대한 분석을 해본다. 그리고 實施協約의 公法上 契約性의 認定 與否 및 行政主體 및 事業施行者 그리고 公共施設을 이용하는 使用者라고 하는 三面關係에 있어서의 法的 作用을 분석하여 實施協約의 法的 構造에 대한 理論을 構成하고, 事業施行者의 地位를 民間投資法의 내용을 중심으로 民間 投資契約의 當事者로서의 지위와 公行政主體로서의 지위로 나누어서 後者의 경우 土地收用權 및 附帶事業施行權 등의 내용을 검토하고, 實施協約에 있어서 法的 紛爭 및 爭訟形態를 實施協約의 3面 當事者의 構造에 비추어 검토하면서 본 연구를 전개하고자 한다.

第2節 民間投資法의 法的 性格 및 地位

위에서 民間投資法이 제정된 배경에 대하여 民資誘致促進法의 制定부터 살펴보았다. 그런데 民間投資法은 社會間接資本施設의 建設 및 維持·管理를 통한 공공서비스의 提供이라는 큰 목적을 가지고 있는 것으로서 기본적인 意義를 찾을 수 있다.

民間投資法의 성격 및 法的 地位와 관련하여 첫째, 일부에서는 당해 民間 投資事業의 가장 중요한 구속력의 근간이 되는 主務官廳과 민간사업자와 締結하는 '實施協約'의 法的 性格을 '私法上의 契約'으로 보는 견해도 있을 정도로 民間投資法의 公法的 性格을 도외시하고 있는 상태이므로 民間投資法의 法的 性格에 대하여 규명할 필요가 있고, 둘째로 他 公法과 관련하여 民間投資法의 公法的 地位와 관련된 문제인바, 이와 관련하여 民間投資法의 內容을 보면 '社會間接資本施設의 供給을 통한 國民經濟의 發展'이라는 目

的으로 인하여 타법에 우선하는 특별한 성격의 조문을 규정(民間投資法 第3條)하고 있어서 公法의 體系內에서 어떠한 地位를 가지는지가 규명되어야 한다.

Ⅰ. 公法으로서의 民間投資法

民間投資法은 社會間接資本施設에 대한 民間의 投資를 促進하여 創意的이고 效率的인 社會間接資本施設의 擴充·運營을 도모함으로써 國民經濟의 發展에 이바지함을 目的으로 하고 있다(民間投資法 第1條).

民間投資法은 위 목적을 달성하기 위하여 기본계획 및 시설사업기본계획을 거쳐 民間事業者의 事業參與를 誘導하여 社會間接資本施設을 造成·提供하는 供給 내지 給付行政(Leistungsverwaltung)을 주된 行政作用으로 하는 典型的인 公法이다. 종래 질서행정중심의 국가에서 福利國家(Wohlfahrtsstaat)로의 변천과정에서 社會正義(Soziale Gerechtig-keit)를 위하여 필수적으로 요구되는 社會間接資本施設에 대한 국가의 공급에 관한 것이며 이를 民間의 資本과 創意力 및 技術力을 이용하여 國民經濟發展에 이바지 하자는 데 목적이 있는 것이다.

私法으로의 도피를 하고자 했던 國庫(Fiskus) 概念의 始初인 獨逸의 경우에도 法理論的으로나 沿革的으로 볼 때 이미 제2차 세계대전 직후에 從來의 給付行政이 權力行政은 아니지만 非權力行政으로서 公行政領域에 속하는 것으로 정립되었으며 '調達行政契約'이 公法原理에 의해 규율되는 것인가에 대하여 견해의 대립이 있을 정도이다.

현행 법규의 내용을 구체적으로 들여다보면 민간투자법이 전형적인 公法的 성격의 법이라는 것이 더욱 명확해진다. 즉 現行 民間投資法의 활동은 行政計劃에서 출발하여 施設利用者에게 대한 이용료 부과·징수 및 관리까지 일련의 절차를 보면, 行政計劃의 樹立, 優先協商者指定이라는 個別的 行政處

分, 實施協約이라는 公法上의 契約締結, 事業施行者 指定處分, 事業施行者
의 土地收用 等 公權力發動, 社會基盤施設 및 公共施設의 供給, 利用者에
대한 使用料 强制徵收 등 管理運營 등의 供給行政 및 福利行政의 複合的
內容의 行政節次의 총체를 이루고 있기 때문이다.

Ⅱ. 民間投資法의 公法的 地位

1. 民間投資法의 特別條項

위에서 언급한 民間投資法의 公法的 性格의 법규정 이외에도 민간투자법
의 立法目的을 달성하기 위하여 특별한 조항을 두고 있다. 즉 이하에서 살펴
볼 民間投資法의 개별특별조항들은 민사법의 원리로서는 설명되기 어려운 것
도 있고 또한 통상의 공법에서는 볼 수 없는 조항도 있다.

民間投資法의 特別法的 地位와 관련된 民間投資法의 주요조문을 살펴보
면 민간투자법 제3조의 '민간투자법 우선 적용' 조항, 동법 제13조 제4항[1]은
민간투자법상의 사업시행자에 대한 관계법률 사업시행자 의제조항, 동법 제19
조의 국유재산법이나 지방재정법의 국·공유재산의 처분에 대한 특권조항[2],

---

1) 민간투자법 제13조 제4항 '민간투자법상 사업시행자로 지정된 자는 관계법률의 규정에
   의한 사업시행자로 간주된다'. 예컨대 사립과학관의 설립을 위하여 별도의 설립계획에
   대한 승인을 받지 않아도 민간투자법에 의하여 주무관청과 실시협약을 체결함으로써
   사업시행자로 지정되는 때 과학관 설립계획의 승인을 받은 것으로 간주된다.
2) 민간투자법 제19조는 '국유재산법이나 지방재정법상 국·공유재산의 처분을 제한하는
   규정에도 불구하고 이를 배제'하는 규정을 두고 있다. 즉 동조에서 국·공유재산의 처
   분에 관한 특례를 규정함으로써 사업의 원활한 시행을 도모하고 있다. 구체적으로 보면
   지방자치단체의 재산인 공유재산은 지방재정법상 행정재산·보존재산·잡종재산으로 나
   뉘고, 동법시행령 제90조에 의하면 잡종재산 중 토지와 그 정착물의 대부기간은 5년으
   로 되어 있다. 그러나 민간투자법에 따른 사업에 있어서는 지방재정법상의 이러한 규정
   에 불구하고 BOT 방식의 경우 사업기간이 종료할 때까지 무상으로 사용·수익 하거나
   (제19조 제3항), 수의계약으로 부지를 매수할 수 있고(제19조 제2항), 또한 시설물의 기
   부를 전제로 하지 아니하고 건물 기타의 영구시설물을 축조하기 위한 사용·수익의 허
   가 또는 대부를 할 수 있다.(제19조 제5항)

동법 제27조의 관리운영권의 물권 의제 규정[3] 등이 그 예이다.

위와 같이 民間投資法이 特別規定을 두고 있는 이유는 바로 民間投資法의 公法的인 성격에 따른 立法目的을 달성하기 위함이다.

이하에서는 現在 憲法裁判所에서 違憲訴願이 계속되어 있는 民間投資法 第3條의 규정을 중심으로 검토해보기로 한다.

2. 民間投資法 第3條 "民間投資法의 優先適用"條項의 檢討

民間投資法 제3조는 "이 법은 民間投資事業에 관하여 관계법률의 규정에 우선하여 적용한다"고 규정하고 있다.[4] 본조의 규정에 의하여 관계 법률의

---

3) 민간투자법 제27조에서 배타적 지배권이 인정되지 않는 채권적 성질을 지니는 관리운영권에 대하여 특별규정을 두어 물권으로 취급하고 있는 것 등이 그 예이다. 민간투자법 제26조는 무상으로 사용·수익할 수 있는 기간 동안 동 시설을 유지·관리하고 시설사용자로부터 사용료를 징수할 수 있는 권리를 의미하는 관리운영권에 관해 규정하고 있다. 이러한 관리운영권은 공물사용권의 일종으로 원칙적으로 공물주체에 대하여 공물의 특별사용을 청구할 수 있는 권리에 그치고 그 공물을 배타적으로 지배할 수 있는 권리가 아니므로 채권의 성질을 갖는다고 할 수 있다. 그러나 민간투자법 제27조는 특별규정에 의하여 이러한 관리운영권을 물권으로 취급하고 있다. 사견으로는 채권의 물권화 경향과 유사한 것으로서 '공법상 물권화 경향'이라고 명명하고 싶다.

4) 民間投資法 제3조의 우선적용 조항은 국가를 당사자로 하는 계약에 관한 법률 (이하 "국가계약법"이라고 한다) 제2조, 제3조와의 관계가 문제된다. 즉 국가계약법 제2조는 그 적용범위를 "이 법은 국제입찰에 의한 정부조달계약, 국가가 대한민국 국민을 계약 상대자로 하여 締結하는 계약 등 국가를 당사자로 하는 계약에 대하여 적용한다"라고 규정하고 있고, 동법 제3조는 "국가를 당사자로 하는 계약에 관하여는 다른 법률에 특별한 규정이 있는 경우를 제외하고는 이 법이 정하는 바에 의한다"라고 규정하며 여타 법률에서 특별히 국가계약법의 적용을 배제하거나 그 적용을 제한하는 내용이 없는 경우 원칙적으로 국가가 일방 당사자인 계약에 있어서 동법이 적용됨을 밝히고 있다. 이러한 양자의 입법의 해석을 어떻게 할 것인지 여부가 문제된다. 이에 대하여 "국가계약법 제2조가 그 적용범위를 국가를 당사자로 하는 계약이라고 포괄적으로 정하고 있으나, 民間投資事業의 實施協約에 적용가능성이 고려되는 국가계약법의 규정들이 民間投資事業에 직접 적용되기는 어렵다고 보며 또한 국가계약법의 제반 조항들의 내용과 전체적인 흐름을 볼 때 民間投資事業의 추진을 위해 締結되는 實施協約은 그 적용대상에 해당되지 않는 것으로 보는 견해가 있다; 황학천, 民間投資事業과 국가계약법과의 관계, 미공간논문, 2004, 12면. 이 견해는 이러한 논의가"국가계약법이 국가가 당사자가 되는 계약에 적용되는 일반법적인 지위에 있으며, 民間投資法은 民間投資事業의 보다

규정과 상충되거나 달리 규정하고 있는 경우 관계 법률의 적용은 배제되고 民間投資法이 우선 적용된다고 해석할 수 있다.

그런데 본 조항의 해석과 관련하여 유료도로법과의 관계상 위헌이라는 견해가 있다. 즉 民間投資法과 유료도로법과의 충돌이 있는 경우 예컨대 民間投資法에 의하려 고속도로 등 유료도로를 건설하여 이용자에게 통행료 등 이용료를 징수하는 경우 유료도로법의 통행료징수요건을 갖추지 않아도 民間投資法 제3조가 우선 적용되어 징수권을 배타적으로 갖는지 여부이다. 다시 말하면 民間投資事業으로 건설된 도로의 통행료 징수의 근거는 民間投資法 제25조 제4항 "사업시행자는 제1항 및 제2항의 규정에 의한 수익을 실현하기 위하여 당해시설을 타인으로 하여금 사용하게 할 수 있으며, 타인에게 사용하게 한 때에는 使用料를 징수할 수 있다"이고 이와 별도로 구 유료도로법(일부개정 1999.02.05 (법률 제5796호)로 개정된 법률) 제3조[5]의 통행료징수요건(" 1. 당해 도로의 통행 또는 이용으로 인하여 통행자 또는 利用者가 현저히 이익을 받는 도로 2. 그 부근에 통행할 다른 도로가 있어 당해 도로의 통행을 불가피하게 하지 아니하는 도로")을 구비할 필요가 없는지 여부이다.[6]

원활한 추진을 위하여 여러 가지 특례조항들을 규정하고 있는 특별법적인 성격을 지님에도 民間投資法이 양 법사이의 관계를 명확하게 규정하고 있지 아니하고 있는 현실에서 비롯되는 문제" 라고 보고 있다.; 황학천, 전게논문, 13면.

5) 제3조 (유료도로의 설치)
　　① 도로관리청은 다음 각호에 해당하는 도로를 신설 또는 개축하여 당해 도로를 통행 또는 이용하는 자로부터 요금(이하 "통행료"라 한다)을 징수할 수 있다.
　　　　1. 당해 도로의 통행 또는 이용으로 인하여 통행자 또는 이용자가 현저히 이익을 받는 도로
　　　　2. 그 부근에 통행할 다른 도로가 있어 당해 도로의 통행을 불가피하게 하지 아니하는 도로
　　② 관광을 목적으로 하여 신설 또는 개축한 도로에 대하여는 제1항의 규정에 불구하고 통행료를 징수할 수 있다. <개정 1977.12.31>
　　③ 도로관리청은 제1항 및 제2항의 규정에 의하여 설치한 유료도로의 통행료의 징수 및 기타 유지관리에 관한 권한을 대통령령이 정하는 바에 의하여 비도로관리청으로 하여금 대행하게 할 수 있다. <개정 1977.12.31>
　　[전문개정 1970.1.1] [전문개정 1977.12.31]
6) 이와 같은 쟁점이 된 민사사건에서 재판부는 "民間投資法의 규정과 상충되는 유료도로법의 규정은 民間投資法에 의해 설치된 사회간접자본시설인 도로에는 그 적용이 없는 것

이와 관련하여 현재 民間投資法에 의하여 건설된 인천신공항고속도로의 통행료징수와 관련되어 헌법재판소에 民間投資法 제3조, 제25조제4항과 제26조의 위헌여부가 사건화되어 있다(2004헌바64 사회간접자본시설에 대한 民間投資法 제3조 등 위헌소원)[7]

가. 見解의 對立

이에 대하여 合憲說(民間投資法 제3조 우선설)과 違憲說의 대립이 있는바 이에 관하여 검토해보기로 한다.

(1) 違憲說 (申請人側 主張)

民間投資法 제3조는 유료도로이므로 따라서 구 유료도로법 (일부개정 1999.02.05 (법률 제5796호)로 개정된 법률) 제3조의 통행료징수요건 "1. 당해 도로의 통행 또는 이용으로 인하여 통행자 또는 利用者가 현저히 이익을 받는 도로 2. 그 부근에 통행할 다른 도로가 있어 당해 도로의 통행을 불가피하게 하지 아니하는 도로"이 적용되어야만 한다는 것이다.

문제된 인천신공항 고속도로의 경우에서의 청구인의 주장은 첫째 청구인들은 대체도로가 없어 이 사건 도로를 이용하는 계약을 締結할 수밖에 없어 헌

으로 해석되어, 피고의 통행료 징수에 民間投資法의 근거규정 외에 유료도로법 제3조 제1항 소정의 요건을 추가적으로 구비하여야 한다고는 볼 수 없을 뿐만 아니라 유료도로법 제2조 제2항은 '이 법에서 유료도로라 함은 이 법의 규정에 의하여 통행료를 징수하는 도로를 말한다'고 규정하고 있으므로, 民間投資法에 의하여 통행료를 징수하는 이 사건 도로는 유료도로법의 적용대상에 해당하지 아니하여 통행료를 징수하는 이 사건 도로는 유료도로법의 적용대상에 해당하지 아니하여 유료도로에 관한 통행료 징수를 규정한 유료도로법 제3조의 요건을 구비할 필요는 없어 (개정된 유료도로법 제2조 제2호는 '유료도로라 함은 이 법 또는 民間投資法 제26조의 규정에 따라 통행료 또는 使用料를 받는 도로를 말한다'고 규정하고, 제4조 제2항 제3호는 '육지와 섬 사이 또는 섬과 섬 사이를 연결하는 도로'를 통행료를 받을 수 있는 도로에 포함시키고 있어, 개정된 유료도로법에 의하면 이 사건 도로도 유료도로에 해당한다 할 것이나, 이 경우에도 개정된 유료도로법을 포함한 관계법령과의 관계에서 우선 적용되는 것으로 규정하고 있는 民間投資法 제3조에 의하여 개정된 유료도로법 제4조가 이 사건 도로 利用者들에 대한 통행료 징수의 근거규정이 되는 것은 아니다) 원고의 이 부분 주장은 어느 모로 보나 이유 없다." 라고 판시하면서 원고의 청구를 기각한 하급심 判決이 있다. (2002나36869 부당이득금)

7) 본 헌법소원의 재판의 전제가 된 민사사건은 인천지방법원 2003가소 402184호 부당이 득금 사건이다

법 제10조 (일반적 행동의 자유)를 침해하는 것이고, 둘째 도로통행의 유료화
는 헌법 제14조 거주 이전의 자유, 제15조 직업의 자유의 위반여부를 침해하
는 것이며, 셋째 국가가 건설한 도로의 경우에는 대체도로가 없는 경우 使用
料를 납부하지 않는 반면 민간사업자가 건설한 경우에는 대체도로가 없는 경
우에도 통행료를 징수할 수 있도록 되어 있어 이는 건설주체가 누구인가라는
우연한 사정에 따라 건설주체에 대한 결정권이 없는 국민들을 차별대우하는
것이므로 헌법 제11조제1항의 平等의 原則에 반한다는 것이다.

　(2) 合憲說 (民間投資法 第3條 優先說)[8]

　합헌설의 가장 큰 논거는 유료도로법과 民間投資法의 입법목적이 다르다
는 것이다. 즉 입법자는 국가 내지 자치단체로 하여금 어떤 도로를 신설함에
있어 主務官廳이 도로의 규모, 도로의 목적, 사업비 등을 고려하여 이를 民
間投資法에 의하여 도로를 신설할 것인지 아니면 유료도로법에 의하여 도로
를 신설할 것인지, 도로법상의 통행료 없는 도로를 건설할 것인지를 결정할
수 있게 하고, 만일 民間投資法을 선택을 한 경우에는 '당해 사업이 국가발
전과 국민편익에 기여하는 시설의 건설로 인정되고 또한 판단 시 상황이 한
정된 국가재정을 통한 건설에 한계를 인정하여 민간자본에 의해 사회간접자
본시설의 건설을 가능토록 결정한 것'일 경우이므로 이에 따라 당연히 투하
된 민간자본의 회수를 위하여 통행료(使用料)의 징수를 허용하는 것은 당연
하며 이에 따라 民間投資法 第3조가 民間投資事業(법 제2조 제5호)에 대하
여 民間投資法이 구 유료도로법에 우선 적용되도록 규정한 것은 전술한 입
법목적을 달성하기 위한 입법자의 합리적 결정이라는 것이다.

　나. 檢 討

　결론적으로 합헌설의 견해가 타당하다고 본다. 가장 큰 근거는 유료도로법
과 民間投資法의 입법목적이 다르다는 것이다. 즉 기존의 도로법이나 항만법

---

8) 홍성필, 民間投資事業을 위한 법적 검토, 법제, 2002년 2월, 2면-3면, 황창용·홍성필·
　　정민웅·권용훈, 사회간접자본시설에대한民間投資法과 관련법률의 체계에 관한 연구,
　　국토연구원, 2004. 12. 10면.

등 기존의 사회간접자본 관련 개별법에도 民資誘致의 근거가 일부 마련되어 있었으나 체계적이지 못하고 수익성보장과 경영권안정장치도 미흡하여 民間資本이 제대로 유지되지 못하는 문제점을 보완하고자 民間投資法은 다양한 사회간접자본시설에 공통적으로 적용될 수 있는 민자유치의 절차와 방법, 수익성과 경영권보장 등 각종 지원사항을 규정함으로써 민간의 참여를 촉진하여 산업의 경쟁력을 강화하고 국민생활의 편익을 증진하며 나아가 지역간 균형개발도 함께 도모하기 위해 제정된 법이며 특히 국가재정의 한계를 인정하고 이용자인 국민의 편의를 위하여 민간자본을 유치하기로 하여 건설된 시설이므로 이에 대하여 使用料를 부과하게 하는 것은 입법자의 정당한 결단에 의한 것이라는 것이다.

결국 이러한 입법목적을 달성하기 위하여 동법 제3조는 민자유치사업에 관하여 동법 제2조제13호에 열거된 사회간접자본 관련 관계 법률의 규정에 우선적인 효력을 갖는 특별법적인 성격을 갖도록 한 것이라고 본다.

第3節 協商對象者 指定行爲의 法的 性質

I. 意 義

1. 協商對象者 制度의 趣旨 및 指定節次

民間投資法은 協商對象者 지정과 협상을 거쳐 事業施行者를 지정한다. 즉 民間部分의 사업계획서를 바로 채택하여 사업시행자를 지정하지 않고 優先協商對象者와 次順位協商對象者를 지정하고 6개월에서 1년이라는 긴 시간동안 협상을 거쳐서 사업시행자를 지정하도록 하고 있는데 이러한 취지는 主務

官廳과 협상당사자가 사업시행조건에 대하여 충분한 검토와 협의를 함으로써 사업시행을 원활하게 함과 동시에 民間의 창의와 主務官廳의 社會基盤施設에 대한 공공성 및 경제성 확보 내용이 實施協約에 충분히 포함될 수 있도록 하는 데 그 목적이 있다 할 것이다.

協商對象者 지정절차는 '정부고시사업'과 '민간제안사업'의 양자가 다르다. 먼저 '정부고시사업'은 主務官廳이 대상사업을 民間投資事業으로 지정되면 시설사업기본계획을 수립고시하고 이에 따라 民間部門에서 사업계획서9)를 제출하게 된다. 사업계획서가 제출되면 主務官廳은 民間投資法시행령 제13조 제1항 각 호에서 정하는 평가항목에 따라 검토·평가한 후 協商對象者를 지정하고, 協商對象者와의 협상을 통하여 實施協約을 締結함으로써 사업시행자를 지정한다.

'민간제안사업'의 경우에는 民間部門은 사업에 대한 타당성조사의 내용, 총사업비의 규모 및 산출내역과 자금조달계획, 무상사용기간 또는 소유·운영기간 산정내역(귀속시설에 한함), 시설의 관리운영계획, 使用料 수입 등 시설운영수입 및 지출계획, 부대사업을 시행하는 경우 그 內容 및 사유, 기타 당해 사업의 시행을 위하여 필요한 사항10)을 기재한 제안서를 主務官廳에 제출하여 사업제안을 하고, 主務官廳은 제안서를 '민간투자지원센터'에 제안내용의 검토를 의뢰를 통하여 타당하다고 인정하는 경우, 제3자 제안공고의 절차11)를 거쳐서 他提案이 있을 경우 이를 같이 평가하여 協商對象者를 지정

---

9) 사업계획서의 주요 내용은 ⓐ 총사업비의 내역 및 자금조달계획, ⓑ 무상사용기간 또는 소유·수익기간 산정내역(귀속시설에 한함), ⓒ 시설의 관리운영계획, ⓓ 使用料 등 수입 및 지출계획과 그 내용 및 사유, ⓔ 부대사업을 시행하는 경우 그 내용 및 사유, ⓕ 정부지원을 받고자 하는 경우 그 내용 및 사유, ⓖ 시설사업기본계획을 변경하고자 하는 경우 그 내용 및 사유, ⓗ 기타 主務官廳이 필요하다고 인정하는 사항(예컨대 사업시행자의 구성에 관한 사항, 소요토지의 확보 계획, 공사시의 적용기술 등), ⓘ 금융기관이 발행한 (조건부)대출확약서 또는 산업기반신용보증기금에서 발행한 보증의향서 등이다(민간투자법시행령 제12조).

10) 예컨대 금융기관이 발행한 (조건부)대출확약서 또는 산업기반신용보증기금에서 발행한 보증의향서 등을 들 수 있다.

11) 제3자 제안모집공고 시 제안서의 세부심사기준 공표는 행정규칙으로서 내부적으로 사무처리 준칙으로서의 효력이 있다는 判例가 있다. "民間投資法 제9조, 제13조, 民間投

하고 實施協約을 締結함으로써 사업시행자를 지정한다.

2. 協商對象者의 法的 爭點

優先協商對象者의 地位[12]에 대한 法的 地位는 먼저 行政官廳이 協商對象者指定行爲의 法的 性格, 즉 處分性을 인정할 수 있느냐가 문제된다. 指定行爲의 성질에 따라서 權利救濟方法이 달라지기 때문이다.[13]

資法시행령 제7조, 제13조의 각 규정에 의하면, 民間部門이 民間投資事業을 제안하여 主務官廳이 그 제안사업을 民間投資事業으로 추진하기로 결정한 경우, 主務官廳은 당해 사업에 대한 제안자 외의 제3자에 의한 제안이 가능하도록 당해 제안내용의 개요를 공고하고, 그에 따라 제3자가 제안서를 제출한 경우에는 사업시행사의 구성, 사업계획의 타당성, 자금조달계획, 사업의 경제성 등에 의하여 최초제안자의 제안서와 제3자의 제안서를 검토·평가한 후 제안서를 제출한 자 중 協商對象者를 지정하도록 규정하고 있는바, 主務官廳이 民間投資事業을 추진함에 있어서 제3자 제안의 모집공고를 하고, 제안서의 세부심사기준을 공표하는 것은 최초제안자 이외의 제3자에 의한 제안이 가능하도록 함에 아울러 主務官廳이 協商對象者의 지정절차를 공정하고 합리적·효율적으로 처리할 수 있도록 관계공무원이 지켜야 할 사무처리에 관한 필요한 사항을 규정한 것으로서, 主務官廳의 내부규정에 불과하다고 할 것이다."(대전지방법원 2002.3.21.자 선고 2002카합71 1順位協商對象者地位確認等假處分)

12) 協商對象者와 관련한 民間投資法 ⓐ 協商對象者지정에 관한 규정(民間投資法 제9조 제2항 및 시행령 제7조 제8항, 民間投資法 제13조 제2항 및 시행령 제13조 제4항), ⓑ 主務官廳과의 협상규정(民間投資法 제9조 제2항 및 시행령 제7조 제10항, 民間投資法 제13조 제3항), ⓒ 民間投資法令 준수 의무(民間投資法 제46조), ⓓ 공익처분 규정(民間投資法 제47조), ⓔ 청문규정(民間投資法 제48조) ⓕ 손실보상규정(民間投資法 제47조 제2항) 등의 규정이 있다.

13) 이론적으로 사업시행자의 법적 성격 및 구제방법의 문제는 현실적인 協商對象者의 損失塡補의 관점에서 문제가 제기되고 있다. 즉 民間部門으로서 協商對象者가 되려면 우선 協商對象者라는 지위를 취득하기 위해서는 상당한 시간과 비용을 들여 사업계획서 내지 사업제안서를 작성하게 된다. 또한 優先協商對象者로 지정되었다고 하더라도 사업시행자 지정 전까지 6개월에서 1년 정도의 협상기간 동안 많은 비용을 투입하게 되는데 協商對象者가 반드시 사업시행자로 지정되는 것은 아니므로 主務官廳과의 협상과정에서 사업시행자로 지정되지 아니하거나 또는 主務官廳으로부터 부당한 절차에 의하여 사업시행자로 선정되지 못할 수 있고 또한 主務官廳이 추진하던 고시사업을 主務官廳의 정책변경을 통하여 실시사업기본계획의 변경을 통하여 당해 사업을 취소하고 協商對象者와의 협상을 중단하기도 하는 경우가 있어 결국 이러한 경우 協商對象者에게 지위의 보전이나 손해의 배상 내지 보상의 문제가 논의되고 있다.; 이와 관련한 관점에서 전개된 논문으로는 안영환, 民間投資法上 協商對象者의 법적 지위, 미공간논문, 2004. 11.

　따라서 이하에서는 協商對象者 指定行爲의 法的 性質에 대한 見解의 對立 및 최근 실무에서도 問題가 되어 司法的 判斷까지 있었던 事案을 살펴보고 이에 따라서 協商對象者에 대한 救濟方法을 檢討하기로 한다.

Ⅱ. 協商對象者 指定行爲의 法的 性質

1. 意　義

가. 協商對象者의 意義

　民間投資法 第2條는 "事業施行者라 함은 公共部門 외의 자로서 제13조의 규정14)에 의한 事業施行者의 지정을 받아 民間投資사업을 시행하는 법인을 말한다"라고 하여 事業施行者에 관한 定義 規定은 두고 있으나 事業施行者로서 實施協約을 맺기 前段階인 協商對象者에 관한 정의 規定은 두고 있지 않다.

　한편 民間投資法은 協商對象者를 지정하는 절차와 관련하여 다른 특별한 사유15)가 없는 한 사업계획 평가결과에 따라 2인 이상을 그 순위를 정하여 지정하도록 하고 있는데 선순위자를 통상 優先協商對象者라 하고, 차순위자를 次順位協商對象者라 한다.

　따라서 民間投資法의 해석상 '協商對象者'는 "公共部門 외의 자로서 民間投資法 제9조 또는 제13조의 규정에 따라 協商對象者의 지정을 받아 民間投資事業에 관하여 主務官廳과 협상을 하거나 예비적으로 협상을 할 수 있는 법인"으로 정의할 수 있을 것이다.

---

14) "民間投資法 제2조는 제13조에 의하여 사업시행자로 지정된 자만을 사업시행자라고 하고 있으나 제13조는 고시사업의 사업시행자지정에 관한 것이고 제안사업의 사업시행자 지정은 제9조 제2항에서 정하고 있다. 따라서 民間投資法 제2조의 규정은 입법의 오류라 할 것이고 이 부분은 수정되어야 할 것이다."라고 지적하는 견해가 있다: 안영환, 상게논문, 제5면

15) 예컨대 2명의 사업신청자 중 시설사업기본계획에서 요구한 조건을 충족하지 못한 사업시행자가 있는 경우 또는 제3자 제안 공고 기한 내에 제3자에 의한 다른 제안이 없는 경우 등을 들 수 있다.

나. 協商對象者 指定行爲의 處分性 認定與否

사업계획서(정부고시사업) 또는 사업제안서(민간제안사업)를 제출한 사업신청자가 主務官廳의 부적법 또는 부당한 처분에 의하여 協商對象者로 지정되지 못하였거나 協商對象者로 지정되었다가 主務官廳의 부적법 또는 부당한 처분에 의하여 協商對象者의 지위를 잃게 된 경우 이를 다투는 방법이 문제된다.

문제는 協商對象者指定行爲가 '講學上의 行政行爲'로서 구체적 개별적으로 당사자 사이에 권리의무를 기속하는 것인지 여부 즉 處分性 認定 與否이다. 즉 主務官廳의 協商對象者지정행위가 처분성이 인정되어야만 행정구제 즉 행정심판과 행정소송의 대상적격이 인정될 수 있기 때문이다. 이와 관련하여 최근 서울行政法院(2002구합 31572 優先協商對象者指定處分取消訴訟)과 抗訴審 서울高等法院(2003누6483 사건)에서 쟁점으로 비화된 바 있다.

이하에서는 協商對象者指定行爲의 處分性과 관련하여 위 소송에서 문제된 事實關係 및 주장된 見解를 언급하면서 검토해보기로 한다.

2. 事實關係

甲시는 A사업이라는 민자사업을 추진하며 시설사업기본계획을 고시하였고, 위 고시에는 당해분야에서 외국기업과 내국기업이 공동으로 參與하는 경우, 사업계획서 제출 시 외국기업과 내국기업의 협정서를 제출할 것을 요구하였다. 乙사와 丙사는 각자 컨소시엄을 형성하여 사업제안서를 제출하였다. 主務官廳은 民間投資法 절차에 따라 사업제안서를 평가하였는데 乙사 컨소시엄이 높은 점수를 받았다. 丙사 컨소시엄은 위 평가결과 발표 전에 乙사 컨소시엄의 사업계획서를 입수하여 이를 분석하였고 그 결과 乙사 컨소시엄의 사업계획 중 외국기업과 내국기업이 참여하는 사업분야에서 외국기업과 내국기업의 회의록이 그 제목 등 일부가 변경되어 협정서라는 이름으로 사업계획서 본보고서에 첨부된 사실을 발견하였다. 이에, 丙사 컨소시엄은 이를 甲시에 이의제기하였고, 甲시는 兩 컨소시엄의 參與하에 그 경위를 파악하였는데, 乙사 컨소시엄은 내국기업과 외국기업 사이에 회의록과 양해각서가 締結된 상황에서 회의록의 제목 등을 변경하여 이를 본보고서에 기재하고 그 원본은 부속서류에 첨부한 사실이 있었다. 甲시 관련자들은 숙고한 끝에 협정서의 내용정도는 평가순위에 변경을 가지고 오는 것은 아니라고 판단하고 民間投資審議委員會를 개최하였고, 위 위원회에서는 협정서문제에 대한 별도의 언급 없이 심의를 완료하고 甲시 시장은 乙사 컨소시엄을 優先協商對象者로, 丙사 컨소시엄을 次順位協商對象者로 각 지정하였는데, 丙사 컨소시엄이 甲시를 상대로 협정서 문제를 이유로 乙사 컨소시엄에 대한 優先協商對象者指定處分을 取消하라는 訴訟(抗告訴訟으로서의 取消訴訟)을 서울行政法院에 제기하였다.

3. 見解의 對立 및 判決의 內容

가. 處分性 否定說

위 소송에서 당시 主務官廳은 優先協商對象者지정행위의 處分性을 부정하였다. 당시 주장의 요지는 첫째 '優先協商對象者지정행위는 주무관廳의 實施協約締結을 위한 준비행위 내지 의향에 불과한 것으로서, 차순위협상 대상자의 地位와 비교할 때 먼저 협상을 하는 대상자(優先協商對象者)로 지정되느냐 아니면 다음 순위로 협상을 하는 대상자(차순위協商對象者)로 지정되느냐에 차이가 있을 뿐이고 (우선)協商對象者지정으로 인하여 사업계획제출자의 구체적인 권리와 의무에 직접적인 변동을 가져오는 것은 아니고, 둘째 主務官廳과 協商對象者간에 締結하는 實施協約이 사법상 계약이므로 비공권력적 작용인 實施協約의 締結을 위한 단순한 중간 또는 준비행위 내지 의향인 協商對象者지정행위를 公權力的 作用이라고 할 수 없다는 것을 이유로, 協商對象者지정행위는 行政處分이 아니라는 것이다.

協商對象者지정행위가 법인세과세표준결정과 유사함을 주장하면서 들어서 법인세과세표준결정의 處分性을 부정한 대법원 判例를 인용하였다.16)

나. 處分性 肯定說(判決의 態度)

(1) 제1심(서울行政法院 2002구합31572 判決)

서울行政法院은 판시 이유에서 "관계 법령의 규정과 위 시설사업기본계획 등을 종합하여 보면, 民間投資事業을 시행하고자 하는 자는 主務官廳에 사업계획을 제출하고, 主務官廳은 제출된 사업계획을 검토·평가한 후에 사업계획을 제출한 자 중 協商對象者를 지정한 다음 지정된 協商對象者와 총사업비 및 사용기간 등 사업시행의 조건 등이 포함된 實施協約을 締結함으로써 사업시행자로 지정하도록 하고 있으므로, 主務官廳에 의하여 優先協商對象者로 지정된 사업자는 배타적으로 主務官廳과 사이에 협상을 거쳐 위와 같은 사업시행자로 지정될 수 있는 자격을 부여받게 되는 반면, 優先協商對象者로 지정되지 않은 사업자는 主務官廳과의 협상에서 배제됨으로써 필연적으로 사업시행자로 지정받을 수 있는 지위를 박탈당하게 된다고 할 것이다. 따라서 主務官廳인 피고가 보조참가인컨소시엄을 優先協商對象者로 지정한 이 사건 처분은 공권력적 행위로서 국민의 권리·의무에 직접적인 변동을 초래하는 行政處分에 해당한다"고 판시하였다.

(2) 제2심(서울高等法院 2003누6483 判決)

본 재판부는 "관계법령의 규정과 위 시설사업기본계획 등을 종합하여 보면, 民間投資事業을 시행하고자 하는 자는 主務官廳에 사업계획을 제출하고, 主務官廳은 제출된 사업계획을 검토·평가한 후에 사업계획을 제출한 자 중 協商對象者를 지정한 다음 지정된 協商對象者와 총사업비 및 사용기간 등 사업시행의 조건 등이 포함된 實施協約을 締結함으로써 사업시행자로 지정하도록 하고 있으므로(법 제18조 내지 제20조에 의하면, 사업시행자는 民間投資事業의 시행을 위하여 타인의 토지에 출입 등을 할 수 있고, 국·공유재산을 무상으로 사용할 수 있으며, 토지 등을 수용 또는 사용할 수 있으므로 사업시행자지정의 효력을 가진 實施協約의 締結을 단순한 사법적, 일반적 계약관계라고 할 수 없다), 主務官廳에 의하여 優先協商對象者로 지정된 사업자는

---

16) 대법원 1986. 1. 21. 선고, 82누236 判決, 대법원 1985. 7. 23. 선고, 85누335 判決 등

우선적으로 主務官廳과 사이에 협상을 거쳐 위와 같은 사업시행자로 지정될 수 있는 자격을 부여받게 되는 반면, 優先協商對象者로 지정되지 않은 사업자는 主務官廳과의 협상에서 배제됨으로써 사업시행자로 지정받을 수 있는 地位를 박탈 내지 유보(차순위協商對象者의 경우)당하게 된다고 할 것이다. 따라서 優先協商對象者지정행위는 사업행자로 지정되기 위한 전제요건으로서 사업시행자의 실체적 권리관계에 밀접하게 관련되어 있으므로 사업계획을 제출한 사업자의 권리관계에 영향을 미치는 것으로서 항고소송의 대상이 되는 行政處分에 해당한다고 할 것이다"라고 판시하였다.

4. 檢討 및 私見

私見으로는 處分性 肯定說에 찬동한다. 처분성 부정설의 중요근거는 實施協約 자체가 '사법상 계약'이며 이에 대한 중간단계에서의 協商對象者 지정행위는 불완전한 협의정도라고 보는 것인바, 먼저 實施協約이 締結되면 법상 사업시행자 지정처분이 의제되며 자체도 위 判決이 판시한 것과 같이 사업시행자의 지위는 공법상 대 국민을 구속하는 공권력행사의 주체 즉 受託私人의 地位로서 행정특권을 행사하는 자이므로 따라서 實施協約은 뒤에서 보는 바와 같이 전형적인 行政契約으로서의 特許契約의 성질을 가지므로 처분성 부정설의 논거는 박약하다고 본다.

또한 協商對象者 지정의 성질 및 후순위대상자 또는 協商對象者로 지정받지 못한 자의 권리관계에 비추어 보아도 처분성 부정설은 문제가 있다. 즉 첫째, 차순위協商對象者는 優先協商對象者와 主務官廳 사이의 협상기간 동안에는 협상을 통하여 사업시행자로 지정될 수 있는 가능성을 유보당한 것이고, 또한 부적법하게 優先協商對象者로 지정된 자가 사업시행자로 지정된다면 사업사행자로 지정될 수 가능성을 박탈당하게 되고, 둘째, 사업계획서 제출 후 차순위協商對象者로도 지정되지 못한 사업신청자는 사업시행자로 지정될 수 있는 가능성을 처음부터 박탈당하게 되며 또한 優先協商對象者로 못

들어간다고 하더라도 차순위協商對象者의 자격으로 인정될 수 있다고 한다면
권리보호의 이익은 있는 것이므로 이러한 작용은 전형적인 행정작용으로서 일
방 당사자에 대한 지정행위는 타방당사자에게 불이익을 가져오는 것으로서
講學上의 行政行爲 및 실정법상의 처분이라고 볼 것이다.

그런데 協商對象者지정행위는 어느 일방 민간제안자를 優先協商對象者로
지정하면 이른바 他方은 차순위協商對象者로 되거나 협상자로 指定脫落되는
경우가 되므로 일방에게는 受益을 타방에게는 侵益 내지 負擔을 지우게 되
는 구조를 가지고 있다.

따라서 私見으로는 協商對象者지정처분은 소위 '複效的 行政行爲(Verwaltu-
ngsakt mit Doppel-wirkung)'의 性質[17]을 가진다고 볼 수 있다.

Ⅲ. 協商對象者의 爭訟形態

1. 抗告訴訟

'협상대상자지정행위'의 處分性이 인정되므로 협상대상자를 선정하고 나서
이에 대하여 主務官廳이 취소를 하는 경우 또는 協商對象者지정처분이 위법
한 경우 協商對象者指定處分取消訴訟 내지 協商對象者指定處分無效確認訴訟
등의 抗告訴訟[18]을 할 수 있음은 물론이다.

---

17) 참고로 용어사용과 관련하여 '이중효과적 행정행위'라고 사용하기도 한다(석종현, 一般
行政法 (上) 第8版, 三英社, 2003, 212-213면).

18) "단순히 協商對象者의 지정절차에 관여하는 담당공무원이 제3자 제안공고나 세부심사
기준에 어긋나게 적격심사를 하였다는 사유만으로 당연히 協商對象者의 지정이나 그에
기한 實施協約이 무효가 되는 것은 아니고, 이를 위배한 하자가 民間投資事業 추진절
차의 공공성과 공정성이 현저히 침해될 정도로 중대할 뿐 아니라 상대방도 이러한 사
정을 알았거나 알 수 있었을 경우 또는 누가 보더라도 協商對象者의 결정 및 實施協
約締結이 선량한 풍속 기타 사회질서에 반하는 행위에 의하여 이루어진 것임이 분명한
경우 등 이를 무효로 하지 않으면 그 절차에 관하여 규정한 民間投資法 등의 취지를
몰각하는 결과가 되는 특별한 사정이 있는 경우에 한하여 무효가 된다고 해석함이 타
당하다."(대전지방법원 2002. 3. 21. 선고 2002카합71 판결)

協商對象者의 지정처분의 違法性 事由와 관련하여 지정처분이 民間投資事業基本計劃 내지 施設事業基本計劃에 반하는 경우에 위법한지가 문제되는데 이것은 위 계획의 성격, 특히 計劃의 拘束力을 인정할 것인지가 문제된다.

가. 民間投資事業基本計劃[19]의 拘束力

민간투자사업기본계획의 효력 특히 구속력에 대하여 견해의 대립이 있다. 첫째 견해는 기본계획은 非拘束的 行政計劃이라는 見解[20][21]이다. 즉 "기본계획의 내용을 民間投資法과 관련해서 살펴보면 거의 單純情報提供的 計劃 (예: 2003년도 民間投資 추진여건 등)이나 誘導的 計劃(예: 運營수입보장, 조세특례 등)에 속하여 법적 구속력이 없는 계획이라고 할 수 있다."라고 설명하고 있다. 또한 이 견해는 "기본계획의 내용 중 民間投資法의 내용을 그대로 기술하고 있는 부분에 대하여는 구속력이 인정된다고 하더라도 이는 기본계획의 효력으로서의 구속력이라기보다 民間投資法에 의해 구속력이 인정되

---

19) 기본계획은 民間投資法 제7조 1항의 규정에 의해 기획예산처장관이 매년 수립하여 고시하는 행정계획으로서 법과 시행령에 규정하지 못한 民間投資事業 관련 정책방향 및 업무처리절차 등에 대하여 규정하고 있으며, 민간투자사업심의위원회의 심의·의결을 거친 政府고시대상 民間投資事業도 포함하여 고시하고 있다. '민간투자사업기본계획'은 기획예산처장관이 관계중앙행정기관의 장과의 협의와 민간투자사업심의위원회를 거쳐서 원칙적으로 3년의 기간을 대상으로 하여 매년 수립하는 행정계획이다.

20) 홍성필, 民間投資事業을 위한 법적 검토, 법제, 2002년 2월, 5면-6면.

21) 이와 관련하여 하급심에서 "民間投資法 제7조에 의하여 작성된 2001 民間投資事業기본계획은 지방자치단체 등이 民間投資事業을 추진함에 있어서 일응의 기준으로 삼아야 할 사무처리의 절차와 방식 등에 관하여 규정한 것으로서 정부의 내부규정에 불과하다고 할 것이므로, 지방자치단체 등이 이와 다른 내용으로 民間投資事業을 추진하였다고 하더라도 그로 인하여 사업시행자의 지정 등에 있어서 공공성과 공정성이 현저히 침해된 경우가 아니라면 이를 위법하다고 할 수 없는 것인 바, 피신청인이 ○○시설 설치사업을 추진함에 있어서 2001년 民間投資事業기본계획보다 제3자 제안서 제출기간을 단기간으로 정하였다고 하더라도, 그로 인하여 제3자가 제안서를 제출할 기회를 봉쇄당하였다는 등의 사유가 있다고 볼 아무런 자료가 없으므로(신청인 역시 피신청인에게 제안서를 제출함에 있어 기간 제한으로 인하여 어떠한 불이익을 입은 것으로는 보이지 않는다), 제3자의 제안서 제출기간을 공고일로부터 30일간으로 정한 것이 위법하고 할 수 없다."고 판시한 判決이 있다.(대전지방법원 2002. 3. 21. 선고 2002카합71) 다만 본 判決은 하급심의 판단이고 또한 가처분사건의 특성에 비추어 볼 때 判例의 태도로 일반화시키기는 어렵다고 판단된다.

는 것이라고 해야 할 것이다."라고 서술하고 있다.

두 번째 견해[22]는 기본계획은 행정기관이 民間投資事業을 추진 실시함에 있어 향후 지향하는 바를 정한 行政機關의 構想이나 行政指針이므로 民間部門은 기본계획에 구속을 받지 않는 非拘束的 行政計劃이라는 견해이다.[23] 이 견해는 "2003년도 民間投資事業기본계획을 예로 들면, 위 계획은 Ⅰ. 2003년도 민간투자추진여건, Ⅱ. 2003년도 민간투자추진방향 Ⅲ. 民間投資事業추진일반지침이라는 목차하에 각 內容을 서술하고 있다. 위 계획의 민간투자추진여건이나 민간투자추진방향, 또는 民間投資事業추진일반지침이라는 제목에서 알 수 있듯이 방침적 행정계획이다"라고 주장의 근거를 제시하고 있다.

각 견해를 검토하면 첫째 견해는 기본계획의 구속력에 의한 것이 아니라 민간투자법에 의하여 효력이 발생한다고 하기 때문에 결과적으로는 기본계획의 구속력은 인정하는 것으로 판단된다. 두 번째 견해는 民間部門에는 비구속적 계획이라고 하면서 행정기관에 대해서는 아무런 말이 없는바 만일 행정기관에게는 구속력이 있다고 한다면 이는 행정기관과 民間部門 양 당사자 사이에서 충돌이 되며 또한 실질적으로 행정기관 내부에서 구속력을 가지는 행정규칙과 유사한 것이 기본계획으로서 機能을 하는 데 이를 무시하게 되는 결과를 가져와 사업의 장애를 초래할 것이다. 기본계획의 비구속성과 관련하여 참고로 일본의 PFI법 ("民間資金活用에 의한 公共施設整備促進法")[24]하에서는 기본계

---

22) 김현, 협상 시 고려상황 및 實施協約안 작성방법, 2004, 비공간 논문. 제2면
23) 그러면서도 이 견해에서는 행정기관의 실무자들이 이러한 행정지침에 구속되는가에 대해서는 언급하지 않고 있다.
24) 일본의 민간투자법률 "民間資金等の活用による公共施設等の整備等の促進に關する法律" (平成15年7月30日 法律第132号) 제4조에서는 '우리나라 기본계획'에 해당하는 "基本方針"에 대하여, 같은법 제5조에서는 '우리나라의 시설사업기본계획'에 해당하는 "實施方針"을 규정하고 있다.
  (기본 방침) 제4조 내각 총리대신은, 기본 이념으로 따라, 특정 사업의 실시에 관한 기본적인 방침(이하 '기본 방침'이라고 한다)을 정하지 않으면 안 된다.
  2. 기본 방침은, 특정 사업의 실시에 대해서 다음으로 내거는 사항(지방공공단체가 실시하는 특정 사업에 대해서는, 특정 사업의 촉진을 위해서 필요한 사항에 관계되는 것)을 정하는 것으로 한다.
  ① 민간사업자의 발안에 의한 특정 사업의 선정 그 외 특정 사업의 선정에 관한

획이 方針的 規定으로서 非拘束的 計劃이라고 하는 것이 타당한 해석이라고
할 수 있으나 우리나라의 경우는 입법규정이 다르므로 채택할 수 없다.
　　私見으로는 민간투자법상의 기본계획의 내용은 民間投資法 제8조에 규정

　　　기본적인 사항
　② 민간사업자의 모집 및 선정에 관한 기본적인 사항
　③ 민간사업자의 책임의 명확화 등 사업이 적정하고도 확실한 실시의 확보에 관
　　한 기본적인 사항
　④ 법제상 및 세제상의 조치에 재정상 및 금융상의 지원에 관한 기본적인 사항
　⑤ 그 외 특정 사업의 실시에 관한 기본적인 사항
3. 기본 방침은, 다음으로 내거는 사항에 배려해 정해지지 않으면 안 된다.
　① 특정 사업의 선정에 대해서는 공공성을 확보하면서 사업에 요하는 비용의 감
　　축 등 자금의 효율적 사용을 도모하는 동시에 민간 사업자의 자주성을 존중하는 것.
　② 민간 사업자의 선정에 대해서는, 공개의 경쟁에 의해 선정을 행하는 등 그 과
　　정의 투명화를 도모하는 동시에 민간 사업자의 창의 연구를 존중하는 것.
　③ 재정상의 지원에 대해서는, 현행의 제도에 기인하는 대책을 기본으로 해, 또는
　　이것에 준하는 것으로 하는 것.
4. 내각 총리대신은 기본 방침을 확정하려고 할 때는, 미리, 각성 각 청의 장에게 협의
　하는 동시에, 민간 자금 등 활용사업 추진위원회의 심의를 거치지 않으면 안 된다.
5. 내각 총리대신은, 기본 방침을 확정했을 때는, 지체 없이, 이것을 공표하는 동시에,
　각성각청의 장에게 송부하지 않으면 안 된다.
6. 전 2항의 규정은, 기본 방침의 변경에 대해서 준용한다.
　(실시방침) 제 5조 공공시설 등의 관리자 등은 다음 조문의 특정 사업의 선정 및
　제 7조 제 1항의 민간사업자의 선정을 행하려고 할 때는 기본 방침으로 따라 특
　정 사업의 실시에 관한 방침 (이하「실시방침」이라고 한다)을 정하는 것으로 한다.
2. 실시방침은, 특정 사업에 대해서 다음에 열거하는 사항을 구체적으로 정하는 것으로
　한다.
　① 특정 사업의 선정에 관한 사항
　② 민간 사업자의 모집 및 선정에 관한 사항
　③ 민간 사업자의 책임의 명확화 등 사업이 적정하고도 확실한 실시의 확보에 관
　　한 사항
　④ 공공시설 등의 입지 등 규모 및 배치에 관한 사항
　⑤ 제 10조 제 1항에 규정하는 사업계획 또는 협정의 해석에 대해서 의문이 생겼
　　을 경우에서의 조치에 관한 사항
　⑥ 사업의 계속이 곤란하게 되었을 경우에서의 조치에 관한 사항
　⑦ 법제상 및 세제상의 조치 시에 재정상 및 금융상의 지원에 관한 사항
　⑧ 그 외 특정 사업의 실시에 관해서 필요한 사항
3. 공공시설 등의 관리자 등은, 실시방침을 확정했을 때는 지체 없이 이것을 공표하
　지 않으면 안 된다.
4. 전항의 규정은 실시방침의 변경에 대해서 준용한다. 끝

즉 "1. 사회간접자본의 분야별 민간투자정책방향, 2. 民間投資事業 또는 민간투자대상사업의 투자범위·방법 및 조건에 관한 사항, 3. 民間投資事業의 관리 및 운영에 관한 사항, 4. 民間投資事業의 지원에 관한 사항, 5. 기타 民間投資事業과 관련된 정책사항"의 내용에 의하여 그 성격이 결정된다. 동조의 내용상 民間投資法은 기본계획을 통하여 일정한 사항에 대하여 행정계획을 설립할 것은 직접 수권한 것으로서 이는 '行政計劃의 授權規範'으로서의 根據規定의 기능을 한다. 따라서 수권규범에 의한 기본계획은 수권의 내용에 따라서 개별적으로 구속력여부를 판단하여야 한다. 즉 구체적 수권규정의 내용에 따라서 그 성질이 단순정보제공적 계획의 내용 내지 유도적 계획의 성질을 가지고 있는 경우에는 방침적 비구속적 계획으로 판단되며 그렇지 않은 경우 특히 民間投資法 제8조 제1항에서 규정된 것 중 제3호 (民間投資事業 또는 민간투자대상사업의 투자범위·방법 및 조건에 관한 사항), 제4호 (民間投資事業의 관리 및 운영에 관한 사항), 제5호 (民間投資事業의 지원에 관한 사항)의 사항의 내용은 구속적 행정계획으로서 행정기관을 구속한다고 본다. 결국 구속력의 여부는 기본계획의 구체적인 각 내용에 따라서 실질적으로 판단해야 할 것이다.[25]

따라서 '기본계획'의 내용 중 수권법률 즉 民間投資法의 범위를 넘어서지 않는 것 중 구속력을 가지는 것은 主務官廳이 정하는 시설사업기본계획의 기준이 되며 시설사업기본계획이 기본계획에 어긋나는 내용을 규정하는 경우에는 시설사업기본계획은 당해 어긋나는 부분에 대하여 무효라고 할 것이다. 주의 할 것은 기본계획의 내용대로 무조건 효력이 있는 것이 아니고 ① 수권의 범위의 범위일 것 그리고 ② 민간투자법과 시행령의 취지에 부합하는 내용일 것이 전제되어야 하며 만일 법해석상 두 가지 취지에 부합하지 않는 기본계획은 효력이 없으며 행정기관 및 民間部門 모두에 구속력이 없다고 본다.[26]

---

25) 私見으로는 이를 '실질설'이라고 할 수 있을 것이다.

26) 김현 변호사는 민투법 제53조 및 같은 법시행령의 규정의 해석상 운영기간에 따라 보조금의 한도를 규정한 바가 없고 민투법의 해석상 民間投資事業基本計劃에서 미리 보조금지급한도를 정하는 것은 위 취지에 부합하지 않는다고 구체적인 예를 들고 있다.; 김

다만 입법론으로는 일본의 경우와 같이 기본계획의 규정을 방침적, 유도적인 규정으로만 정하며 구체적이고 중요한 내용은 법률에 규정하며 나머지는 시설사업기본계획으로 정할 수 있게 하여야 할 것이다.

나. 施設事業基本計劃의 拘束力

民間投資法에 의거하여 기획예산처장관이 수립한 기본계획에 의거하여 민간투자대상사업으로 지정이 되면 관계법령에 의하여 당해 사회간접자본시설사업의 업무를 관장하는 행정기관의 장인 主務官廳이 민간투자대상으로 지정된 당해 사업에 대하여 기본계획을 수립하는데 이것이 바로 '시설사업기본계획'[27])이다.

시설사업기본계획[28])은 원칙적으로 사업을 시행하려고 하는 사업제안자(제3자포함)뿐만 아니라 이를 고시한 主務官廳[29]) 및 대국민을 구속하는 효력이

현, 전게논문, 제3면.

27) 참고로 시설사업기본계획을 국내 행정관청뿐만이 아니고 미국정부에 의해 시설사업기본계획이 고시되어 진행된 예가 있다. 즉 2004. 6. 16.자로 고시된 성남공항 Airfield RFP 사례이다. 본 사례는 "USFK (United States Forces Korea)" 또는 "미국 政府(United States Army Corps of Engineers)"는 경쟁입찰을 통하여 선정된 사업시행자가 '독신 미군을 위한 주택건물 및 부속시설로 주차장'을 건설하고 이를 임대하는 民間投資事業(소위 BTL 방식)에 관한 시설사업기본계획이다. 즉 당해 사업의 기본 개념은 사업시행자(=선정된 사업제안자, Successful Offeror, 약칭 "SO")와 USFK는 임대계약을 맺고 이를 통하여 事業施行者(SO)는 정부가 제공하는 약 2.68acre의 부지를 활용하여 독신 미군을 위한 주택건물(96호)과 부속시설로 주차장을 건설하여, 당해 시설을 USFK 독신군인에게 초기 15년간 임대 提供하는 것을 內容으로 한다. 덧붙여 본 임대계약을 통해 USFK는 사업시행자(SO)의 권한('interest in the Project')을 구매할 수 있는 옵션을 규정하고 있다. 본 사업의 시설사업기본계획은 본 시설사업기본계획은 이하 "고시서" 또는 "RFP"라 약칭하며 본 계약은 美聯邦調達規則(Federal Acquisition Regulation; FAR) 통제를 받지 않는 것을 내용으로 하고 있다.

28) 민간투자법은 民間部門은 시설사업기본계획의 변경을 제안할 수 있다(민간투자법 제12조)고 규정하고 있으며, 이러한 현상은 '행정계획분야에 대한 사인의 참여'라고 평가된다. 이와 관련하여 이를 '계획민영화'라는 용어로 설명하는 견해가 있다; 李元雨, 政府機能의 民營化를 위한 法的 手段에 대한 考察−私人에 의한 公行政의 法的 手段에 대한 體系的 研究, 行政法연구 3號 (1998.하반기) 1998.10. 제112면

29) 특히 主務官廳의 경우에는 '行政의 自己拘束의 法理(Selbstbindung der Verwaltung)'에 의하여 인정될 수 있는 근거도 있다.

있는 것으로서 전형적인 '拘束的 行政計劃'30)이라는 데 다른 異見이 없다.

앞에서 기본계획의 비구속성을 주장하는 견해는 기본계획의 비구속성으로 인하여 시설사업기본계획은 기본계획과 무관하게 될 것이다. 따라서 協商對象者지정이나 이에 의할 實施協約의 締結도 기본계획의 내용에 반한다고 하더라도 위법한 것은 아니라는 결론이 나오게 될 것이다. 그러나 私見으로는 시설사업기본계획은 기본계획에 의거한 것이므로 기본계획의 내용이 民間投資法의 수권의 범위 내에서 적법하게 실체적으로 규정한 것으로서 구속적 내용31)인 경우 시설사업기본계획은 이러한 기본계획의 내용에 반해서는 아니 된다.

따라서 主務官廳에서 고시한 시설사업기본계획의 내용에 어긋나는 사업제안서를 제출한 자를 '우선협상자지정처분'32)을 하게 되면 이것은 위법한 처분이 된다. 다만 하자의 정도에 대해서는 당연무효는 아니며 취소할 수 있는 처분이 통상적일 것이다. 행정행위의 하자의 기준에 관해 다수설인 重大明白說의 입장에서 볼 때 취소할 수 있는 행정행위로 보이기 때문이다.

2. 抗告訴訟 以外의 爭訟手段

위 항고소송 이외에 부당하게 協商對象者의 지위를 침해하였거나 적법한 사유 예컨대 사정변경 등으로 인한 사업의 포기 등의 경우 항고소송 이외에 다른 행정구제수단이 문제된다.

이 경우 主務官廳이 協商對象者지정취소행위를 하였을 때 이로 인한 손실

---

30) 시설사업기본계획의 내용을 살펴보면 이를 정한 행정관청 및 民間部門에서 제안자 및 제3자 그리고 優先協商對象者뿐만 아니라 實施協約締結로 인한 사업시행자지정까지 영향을 미치는 것임을 알 수 있다. 즉 시설사업기본계획은 사업시행자의 수익이나 자격요건에 관한 사항 등 사업시행자의 권리나 지위에 직접적으로 관련되는 사항을 정하고 있으므로 이는 국민이나 행정기관에 대한 拘束的 行政計劃'에 속한다. 예를 들면 시설사업기본계획상의 평가기준이나 항목들은 구속력을 가지는 전형적인 예라고 본다.

31) '시설사업기본계획의 구속적 성격'에 비추어볼 때 현재 실무상 實施協約 締結시 기본계획을 시설사업기본계획보다 일률적으로 문서의 순위에서 우선하는 것으로 규정하고 있는 것은 문제가 있다고 판단되며 개별적·구체적으로 판단해서 효력순위를 정해야 할 문제라고 보인다.

32) 이에 따른 實施協約의 締結의 경우도 마찬가지이다.

에 대하여 손해배상청구 내지 손실보상청구를 할 수 있을지가 문제된다. 통상 손해배상청구는 국가공무원의 위법한 행위로 인하여 協商對象者가 손해를 입어야 하므로 공무원이 고의 또는 과실로서 지정처분을 잘못하여 손해를 입은 경우에는 이에 대하여 損害賠償을 請求할 수 있을 것이다.

또한 損失補償請求와 관련하여 民間投資法 제47조[33]에서 보상의 규정이 있으나 이 규정이 '사업시행자'라고만 되어 있어 協商對象者의 경우에도 이 규정을 근거로 손실보상청구를 할 수 있느냐가 문제된다.

이와 관련하여 否定說은 民間投資法의 취지 즉 손실보상의 대상자를 사업시행자로 한정한 것은 첫째, 협상당사자는 實施協約을 締結하기 전의 협상파트너일 뿐이므로 국가 등이 아직 그에게 사업시행에 관한 권리를 부여한 것은 아니며, 둘째, 계약을 締結하기 전에 소요된 비용은 각자가 부담을 하는 것이 계약법의 일반 원칙인 점 등을 고려한 것이라는 점을 근거로 한다.

이에 대하여 肯定說[34]은 '民間投資事業에서 사업신청자가 協商對象者로 지정되기까지는 主務官廳의 시설사업기본계획고시 또는 제3자 제안공고, 사업계획평가, 協商對象者지정 등의 단계를 거치게 되고 協商對象者로 지정된 자는 향후 主務官廳과의 협상을 거쳐 사업시행자로 지정될 것이라는 기대를 가지고 적게는 6개월 많게는 1년 이상의 협상을 하게 되는바, 이러한 기대는 일반인의 관점에서 協商對象者가 특별한 사정이 없으면 사업시행자로 지정될 것이라고 판단되는 시점으로부터 권리로 보호되어야 할 것이다.'라고 주장하면서 그 이론적 근거로 '行政法上 信賴保護原則과 特別한 犧牲說'을 들고 있다.

이에 따라 명문의 보상규정이 없더라도 공익사업으로 특별한 희생을 입은 피해자에 대하여는 토지보상법규를 유추적용하여 소정의 손실보상을 인정한 대법원 判例(2001다44352))[35]를 근거로 하여 "協商對象者지위를 民間投資法

---

33) 民間投資法 제47조 "主務官廳은 사회간접자본시설의 상황변경이나 그 효율적인 운영 등 공공의 이익을 위하여 필요한 경우, 민투법에 의한 지정, 승인, 확인 등을 받은 자에 대하여 그 처분의 취소, 변경 등을 할 수 있도록 하고, 이러한 처분으로 인하여 손실을 입은 事業施行者가 있는 경우에 主務官廳은 당해 손실에 대하여 정당한 보상을 하여야 한다."고 규정하고 있다.

34) 안영환, 상게논문, 제20면 - 23면.

제47조에 의한 처분으로 잃게 되는 경우 協商對象者는 民間投資法 제47조 제2항과 公益事業을위한土地等의取得및補償에관한法律을 類推適用하여 1) 主務官廳의 協商對象者지정취소처분으로 손실을 받았음과 2) 그 손실이 특별한 희생으로 인한 것임을 이유로 손실보상을 청구할 수 있다"고 본다.36) 私見으로는 肯定說에 贊同한다.

第4節 實施協約의 法的 問題

Ⅰ. 問題의 提起

1. 實施協約의 意義

民間投資法 제2조에서는 '實施協約'을 民間投資事業을 추진하는 사업시행자와

---

35) 공공사업의 시행 결과 그로 인하여 기업지 밖에 미치는 간접손실에 관하여 피해자와 事業施行者 사이에 협의가 이루어지지 아니하고 그 보상에 관한 명문의 근거 법령이 없는 경우라고 하더라도, 헌법 제23조 제3항은 "공공필요에 의한 재산권의 수용·사용 또는 제한 및 그에 대한 보상은 법률로써 하되, 정당한 보상을 지급하여야 한다."고 규정하고 있고, 이에 따라 國民의 재산권을 침해하는 행위 그 자체는 반드시 형식적 법률에 근거하여야 하며, 토지수용법 등의 개별 법률에서 공익사업에 필요한 재산권 침해의 근거와 아울러 그로 인한 손실보상 규정을 두고 있는 점, 공공용지의취득및손실보상에관한특례법 제3조 제1항은 "공공사업을 위한 토지 등의 취득 또는 사용으로 인하여 토지 등의 소유자가 입은 손실은 事業施行者가 이를 보상하여야 한다."고 규정하고, 같은 법 시행규칙 제23조의2내지7에서 공공사업시행지구 밖에 있는 영업과 공작물 등에 대한 간접손실에 대하여도 일정한 조건하에서 이를 보상하도록 규정하고 있는 점 등에 비추어, 공공사업의 시행으로 인하여 그러한 손실이 발생하리라는 것을 쉽게 예견할 수 있고 그 손실의 범위도 구체적으로 이를 특정할 수 있는 경우라면, 그 손실의 보상에 관하여 공공용지의취득및손실보상에관한특례법시행규칙의 관련 규정 등을 유추적용할 수 있다고 해석함이 상당하다(2001다44352).
36) 안영환, 상게논문, 제22면—23면.

정부 간에 締結하는 계약이라고 규정하고 있다. 다시 말하면 '實施協約(contrats de partenariats)'은 특정 民間投資事業을 추진하는 데 필요한 구체적 사업시행조건과 당사자 간 권리와 의무 등을 확정하는 계약이라고 할 수 있다.

協商對象者지정을 통하여 협상을 진행하는데 실무상 主務官廳과 協商對象者가 6월에서 길게는 1년 동안의 협상과정을 거쳐서 양 당사자 사이에 당해 民間投資事業에 대하여 민간투자법이 정하고 있는 각 사항37)을 포함한 권리의무의 구체적 조건들을 합의하여 實施協約의 締結하게 된다.

당사자 사이에 합의가 이루어져서 主務官廳과 民間部門 사이에 實施協約을 締結하면도 동시에 사업시행자지정이 이루어진다. 즉 民間投資法 제13조 제3항에 의하여 民間投資事業에 있어 사업시행자지정은 主務官廳의 별도의 행정행위 없이 법률에 의거하여 實施協約이 締結되면 바로 協商對象者는 사업시행자로 의제되는 것이며 이후에 主務官廳의 사업시행자지정처분이 별도로 있어야 하는 것은 아니다.38)

실무상 민간투자법상 實施協約의 법적 성격 및 사업시행자의 지위에 관하여 이론이 정립되지 아니하고 있고 후술하는 바와 같이 민간투자계약의 行政契約성 인정 여부 등에 대하여 연구39)가 거의 없고 또한 이에 대한 중요성의 인식조차 없는 듯하다. 또한 民間投資事業을 하는 실무진에서는 實施協約의 법적 성질을 行政主體가 국고작용에 의한 사법상의 계약이라고 보는 견해가 많은 것이 현실이다.

따라서 이하에서는 이 논문의 핵심인 '實施協約의 법적 성격'에 대하여 '공법상 계약'임을 논증하고 이에 따라 實施協約의 구조를 법률적으로 구성해보며 이에 따른 사업시행자의 지위를 '공법상 계약의 당사자로서의 지위'와 '공行政主體

---

37) 예컨대 民間投資法 제18조, 제19조, 제20조에서 정한 각 사항을 모두 포함한다.
38) 이러한 구성의 실질적인 차이는 행정소송에 있어서 소송물을 특정할 때 實施協約일자를 기준으로 한 사업자지정행위의 취소를 구할 것이냐 아니면 나중에 별도로 통지서를 받을 때를 기준으로 할 것이냐의 차이로 나타난다.
39) 實施協約에 관하여 종래 협상기술 등을 중심으로 한 경험적·기술적 연구가 대부분이며 법적 성질에 대한 이론적 연구는 없는 것으로 보인다. 협상적 관점에서 쓴 글로는 "곽노성, 民間投資事業 實施協約 협상의 구조적 특성과 효율적 협상방법, 협상연구 제9권 제1호 2003년 6월." 참조

로서의 지위'로 나누어서 각 특권에 대하여 검토하고 문제점을 지적한 후, 각 법률관계의 당사자 사이에서 분쟁에 따른 법적 쟁송의 형태에 대하여 살펴보고자 한다.

2. 實施協約의 機能

첫째, 實施協約은 당해 사업의 이행과 관련된 主務官廳과 사업시행자 간의 역할을 정하는 기본계약서의 기능을 한다. 실무상 實施協約에서는 사업시행자에 대해 특정기간 동안 공공사업의 시공, 운영에 대한 권리, 다양한 조건하에서 使用料 징수권한과 사업시행자가 해당 공공사업을 시공·운영·관리할 때 지켜야 할 이행기준, 공공사업 관련 위험에 대한 정부와 사업시행자간의 분담문제, 행정·재정적인 정부지원사항, 정부의 감독기능, 공공사업기간 중 우발적 사건 발생시 조치, 협약기간 종료에 따른 당사자의 이행조건 등을 규정한다.

둘째, 제3자의 참여에 대해서도 규정한다. 實施協約은 主務官廳과 사업시행자간에 체결되지만 자금제공자·시공회사·공급자·구매자·운영회사 등과 같은 관련되는 제3자의 업무수행이 필수적이므로 이 부분에 대해서도 實施協約에서 규정된다. 통상 투입자금조달에 필요한 재무적·상업적 조건·각종 보장조건 들이 명시된다.

셋째, 實施協約은 금융약정·시공계약·운영계약 등 공공사업 수행에 필요한 다양한 계약들을 조정·통합기능을 한다.

Ⅱ. 實施協約의 內容

1. 民間投資法上 實施協約의 內容

民間投資法의 규정에 의하여 實務上 通常的으로 實施協約에 들어가는 내용을 보면 다음과 같다. 즉 사업시행자의 지정, 시설의 사용 및 운영·관리기간의 결정, 협약당사자의 권리의무관계 등 民間投資事業관련 기본사항40), 법인의 설립, 실시계획 신청, 사업이행보증 및 위험 관련사항, 안전 및 환경관리 등 사업의 실시절차에 관한 사항, 공사착수시기 및 공사기간, 공사감리, 지체상금의 부과 등 공사 관련사항41), 총사업비, 使用料 결정·변경, 목표수익율(IRR) 기타 운영수입·비용 관련사항, 운영수입보장 및 환수, 인허가 대행 등 정부지원사항(재정지원의 기준 및 절차에 관한 사항 등 포함), 시설유지·보수·관리 및 운영관련 사항, 위험유형의 분류기준 및 분담원칙에 관한 사항, 협약의 중도해지 요건과 절차 및 중도해지에 따른 해지 시 지급금의 지급기준 및 지급절차에 관한 사항, 매수청구권 실행요건 및 방법에 관한 사항, 협약종료 및 분쟁처리절차에 관한 사항 등이다.

이하에서는 '實施協約의 內容'과 관련하여 '고양시 벽제 및 일산 下水處理場 事業의 實施協約書'의 내용을 중심으로 구체적인 特徵과 問題點을 검토하기로 한다. 특히 본 사례의 내용 분석을 하고 이에 따라 公法上 契約으로서의 성질에 비추어 그 내용의 適正性 및 法的 性質에 대하여 行政契約으로서의 理論 適用 등을 검토할 수 있을 것이다.

2. 事例分析－고양시 벽제 및 일산 下水處理場 實施協約

가. 事業槪要

고양시 벽제 및 일산 하수처리장 사업과 관련하여 본 사업은 건설회사의 공동투자로서 2003년에 고양시와 締結된 것으로서 본 사업은 경기도 고양시 일산구 지영동 846번지 일대 1일 3만 톤 규모의 벽제하수종말처리장과 차집관거 13.3킬로미터 및 일처리 용량 27만 톤 규모의 일산하수종말처리장 관리운영권을 포함한 民間投資事業으로 총공사비 395억 원이 투입되는 民間投資事業이다. 특히 본 사업은 태영과 두산건설이 공동으로 출자하여 '아이비환경 주

---

40) 예컨대 사업시행자지정취소 및 법령위반에 대한 처분 등을 말한다.
41) 정당한 이유 없이 공사지연 등에 따른 필요조치사항을 포함한다.

식회사'라는 民間投資事業의 법인을 별도로 만들어 사업시행자의 자격으로서
2003년 9월경 고양시와 實施協約을 締結하였다.

나. 內容의 構成

위 협약은 총칙, 기본약정, 실시절차, 사업비, 공사에 관한 사항, 관리·운
영에 관한 사항, 무상사용기간 및 使用料, 불가항력 및 위험의 배분, 고양시
의 지원, 협약의 종료 및 중도해지, 양도 및 대체사업자, 분쟁의 해결, 기타규
정의 총13장으로 구성[42])되어 있다.

---

42) 각 장의 구성 및 내용을 보면 제1장 (총칙)에서는 '협약의 목적 및 사업의 범위, 정의'
를 규정하고 있고, 제2장 (기본약정)에서는 '사업시행자의 지정, 사업시행자의 자격 및
권한과 권리, 사업시행자의 의무, 소유권의 귀속, 출자자의 변경, 법령 등의 변경에 따
른 이익보호'를 규정하였으며, 제3장 (실시절차) 에서는 '협약의 효력, 법인설립과 출자,
실시계획의 승인, 행정절차의 추진'을 규정하였고, 제4장 (사업비)에서는 '총사업비 및
총민간사업비, 총사업비에 대한 지원, 총사업비의 변경'을 규정하였으며, 제5장 (공사에
관한 사항)과 관련하여 '부지에 대한 배타적 점유, 위험물 및 지장물의 발견, 유물, 보
상업무, 공사비, 공사기간, 공사의 착수, 공정보고, 사업이행보증, 지체상금, 보험가입, 공
사도급계약, 민원처리, 환경관리 및 안전관리, 감리자의 선정 및 감독, 감리자의 의무
및 권한, 현장관리책임자, 준공검사, 준공전 사용'을 규정하였고, 제6장 (관리·운영에
관한 사항)으로 '운전 및 유지관리, 보증 및 법정 방류수질 및 제재, 하수량 자료제출,
운영비용, 기타 경미한 수익성 사업'을 규정하고 있으며, 제7장 (무상사용기간 및 사용
료)에서는 '무상사용기간, 추정하수량 및 추정사용료 수입, 사업수익률, 최초사용료 산정,
사용료의 청구 및 지급, 사용료 및 무상사용기간의 조정, 사용료수입 보장 및 환수'를
규정하고 있고, 제8장 (불가항력 및 위험의 배분)과 관련하여 '불가항력, 불가항력 사유의
통지 및 대책협의, 위험배분의 원칙, 사업시행자의 귀책사유 및 그 처리, 고양시의 귀책
사유 및 그 처리, 불가항력 사유 및 그 처리'를 규정하고 있으며, 제9장 (고양시의 지원)과
관련하여 '재정지원, 사용료수입 보장 및 환수절차, 정책적 지원, 대체사업으로 인한 보상'
을 규정하고 있고, 제10장(협약의 종료 및 중도해지)과 관련하여 '기간만료로 인한 협약종
료, 협약의 중도해지, 고양시에 의한 중도해지, 사업시행자에 의한 중도해지, 불가항력에
의한 중도해지, 금융 미완결 등에 의한 중도해지, 중도해지에 대한이의 제기, 상호 협의
에 의한 협약의 종료, 매수청구권, 협약종료 또는 중도해지에 따른 일반규정, 중도해지
시 지급금 산정 및 지급의 일반원칙, 사업시행자의 귀책사유에 의한 중도해지 시 지급금,
고양시의 귀책사유에 의한 중도해지 시 지급금, 불가항력에 의한 중도해지 시 지급금, 해지
시 지급금 등의 조정 및 결정'을 규정하고 있으며, 제11장 (양도 및 대체사업자)에서는
'양도, 사업시행자의 변경추진'에 대하여 규정하고 있으며, 제12장 (분쟁의 해결)에서는
'분쟁의 해결, 중재'를 규정하고, 제13장 (기타규정)과 관련하여 '비밀유지, 해석, 문서의
우선순위, 자금차입 등과 고양시의 협조, 시설사업기본계획의 변경, 협약의 변경, 일부무
효, 묵시적 조건의 배제, 준거법, 언어, 경과조치'를 규정하고 있다.

다. 特 徵

실시협약의 행정계약의 성격과 관련된 몇 가지 특징 즉 사업시행자의 권한 등, 계약의 종료(해제, 해지) 및 불가항력 사유, 사업시행자의 토지수용권 및 매수청구권, 사업시행자의 관리운영권에 대하여 살펴보고자 한다.

(1) 事業施行者의 權限 등

本 實施協約書의 제2장 (기본약정) 제4조 '사업시행자의 자격 및 권한과 권리'와 관련하여 "1. 사업시설의 설계 및 건설, 2. 실시계획이 고시된 날로부터 본 사업시설의 준공 확인이 있을 때까지 사업부지 내의 토지에 대한 무상사용권, 3. 민간투자법령에 따른 본 사업시설의 무상사용 및 수익권, 4. 무상사용기간 동안 관리운영권에 의한 본 시설의 유지, 보수, 관리 및 운영과 사용료의 청구 및 수령, 5. 민간투자법 제14조 제4항 단서에 따라 고양시장의 승인을 받은 기타 경미한 수익성 사업"을 사업시행자의 권한으로 규정하였다.

그리고 이에 부가하여 "민간투자법령, 시설사업기본계획 및 본 협약에서 달리 규정한 경우를 제외하고, 고양시는 본 사업기간 동안 제1항에 규정된 사업시행자의 자격 및 권한과 권리를 철회, 취소, 박탈 또는 변경할 수 없다."고 규정하고 있다.

(2) 契約의 終了(解除·解止) 및 不可抗力 事由

사업시행자가 불가항력 사유에 기인하여 實施協約에 따른 의무의 전부 또는 일부를 이행하지 못하는 경우 그 의무의 불이행으로 인한 지체상금, 손해배상 기타 법적 책임을 부담하지 아니하는 免責效果를 가져온다.

본 협약서에는 '불가항력'의 사유를 '비정치적 위험'과 '정치적 위험'으로 구분43)하여, 전자는 가. 천재지변에 해당하는 지진, 홍수, 해일, 태풍, 화산폭

---

43) 民間投資事業에서는 '危險'의 문제가 가장 중요한 문제이다. 民間投資事業危險에는 여러 가지가 있으나 통상 건설위험·운영위험(수입감소, 운영비용의 초과, 管理失敗 등)·재무위험(부채위험, 유동성위험, 이자율변동, 인플레이션위험 등)·정치적 위험(정책변화, 규제강화, 法律改正 등)등으로 나눌 수 있다. 그런데 민간투자制度가 民資誘致를 통한 재정부담의 완화와 民間의 능력을 통한 창의성의 활용으로 사업을 진행하므로 이러한 民間投資制度의 본질상 民間部門이 더 높은 위험의 부담을 해야 한다고 보는 견해가 있다; 하헌구·모창환, SOC 民間投資事業의 危險配分 및 管理方案에 관한 研究, 交通

발, 산사태 등, 나. 산업전반의 전국적 노동쟁의, 다. 정부, 경기도 정책, 경제환경의 급격한 변화로 자금차입계약의 締結이 불가능하거나 본 사업의 수익성에 현저한 악영향을 미치는 경우, 라. 사업시행자가 주의·의무를 다하였으나 예측할 수 없는 위험물이나 지하지장물 및 유물의 발견, 원인을 규명할 수 없는 폭발 및 화재, 방사능 또는 화학물질에 의한 오염 등으로 사업 추진이 지연, 중단되거나 비용이 초과되는 경우, 마. 기타 이에 준하는 사유가 발생하는 경우를 규정하고 있고, 후자 즉 정치적 위험으로는 가. 전쟁, 사변, 내전, 테러 등 정치적 폭력사태, 나. 환전 및 해외송금 통제 또는 불능, 다. 民間投資事業에 중대한 영향을 미치는 법령의 제·개정, 라. 기타 이에 준하는 사유가 발생하는 경우를 규정하고 있다.

또한 고양시(主務官廳)의 귀책사유로 보는 사유를 "고양시의 요구로 사업의 중지·지연되는 경우, 사업시설 내지 관리운영권의 몰수, 고양시의 요구나 방침으로 인하여 협약에서 결정된 使用料보다 낮은 使用料를 징수하게 도는 경우, 사업시행에 미치는 법령의 개폐가 사업시행자에게 불리하게 작용될 경우 등"으로 규정하고 이러한 사유발생 시 사업시행자의 손실 등 추가비용에 대하여 고양시는 재정보상을 하고 使用料 또는 무상사용기간을 연장할 수 있음을 규정하고 있다.

불가항력의 사유가 발생하면 이에 대한 처리를 "위험분담의 문제"로 해결한다. 즉 당해 위험에 대한 귀책당사자가 있는 경우에는 당연히 귀책사유자가 위험을 부담하는 것으로 한다. 쌍방의 귀책사유가 없는 불가항력 사유에 의한 위험은 1차적으로 관련 보험으로 처리하고, 보험으로 처리되지 않는 부분에 대해서는 實施協約에서 정하는바에 따라 각각의 위험분담비율 및 분담방법을 정하고 있다.[44]

구체적으로 보면 '불가항력 사유 및 그 처리'와 관련하여 불가항력 사유의

開發硏究院, 2002.11., 98-99면.
44) 협약당사자 간 해당 위험의 유형과 성격규명 및 위험분담비율을 정함에 있어서는 당해 위험발생사유가 어느 협약당사자의 행위 또는 권한·지배범위 내에 근접하고 있는지를 기준으로 하고 있다.

발생으로 총사업비 및 운영관리비의 증가, 기타 사업시행자의 손실이 발생하는 경우, 첫째 건설기간 중 사유가 발생한 경우 먼저 보험으로 처리하고 보험처리가 불가능한 부분의 경우에는 공사착수일 내지 공사기간을 연장하거나, 총사업비가 증가하는 경우에는 고양시가 보험으로 처리되지 않는 부분의 75% 한도 내에서 부담(비정치적 위험의 경우)하고 정치적 위험으로 인한 경우 90%를 고양시가 부담한다. 둘째 운영기간 중 불가항력 사유가 발생하는 경우에 복구비용등은 건설기간의 경우와 동일하게 처리하고, 운영손실에 대해서 연간 추정使用料 수입의 80%를 관리운영권 설정일로부터 10년간 보장한다.

(3) 事業施行者의 土地收用權 및 買受請求權

본 협약 제 19 조 (보상업무) 제1항 규정에서 '① 고양시는 토지매수업무, 손실보상업무, 이주대책사업을 위탁받아 시행하고, 이와 관련된 보상비용을 부담한다.', 제2항에서 '② 고양시의 토지매수 등 보상업무가 지연됨으로 인하여 사업시행자에게 손해가 발생할 시에는 제49조(위험배분의 원칙)에서 정한 바에 따라 처리하기로 한다.'라고 규정하고 있다.

또한 사업시행자의 매수청구권과 관련하여 民間投資法 제59조에 의하여 일정한 사유45)가 발생하는 경우에는 사업시행자는 主務官廳에 당해 사업을 매수하여 줄 것을 청구할 수 있다고 규정하고 있다.

(4) 事業施行者의 管理運營權

본 협약 제7장 (무상사용기간 및 使用料)에서는 '무상사용기간, 추정하수량 및 추정使用料 수입, 사업수익률, 최초使用料 산정, 使用料의 청구 및 지급, 使用料 및 무상사용기간의 조정, 使用料수입 보장 및 환수'를 규정하고 있다. 사업시행자의 관리운영권의 핵심내용을 보면 운영개시일보부터 무상사용기간

---

45) 1. 천재지변·전쟁 등 불가항력적인 사유로 인하여 180일 이상 공사가 중단되거나 총사업비가 50% 이상 증가한 경우, 2. 천재지변·전쟁 등 불가항력적인 사유로 인하여 180일 이상 사업시설의 운영이 중단되거나 사업시설의 보수 또는 재시공비가 당초 총사업비의 50% 이상 초과한 경우, 3. 본 협약에서 정한 고양시의 이행사항을 정당한 이유 없이 당해 사유 발생을 통보 받은 날로부터 1년 이상 이행하지 아니하거나 정당한 이유 없이 이행하지 아니하여 당해시설의 공사 또는 운영이 180일 이상 지연 또는 중단된 경우, 4. 기타 고양시가 사업시행자의 매수청구권을 인정하는 것이 타당하다고 판단한 경우.

20년 (협약 제40조), 최초使用料와 관련하여 톤당 98.5원(2001. 1. 1.자 불변 가격기준으로서 부가가치세는 별도)을로 특정되어 있으며(협약 제43조), 使用料 및 무상사용기간은 1년 단위로 조정할 수 있다고 규정하고 있다.

(5) 檢 討

첫 번째 '사업시행자의 권한 등'과 관련해서는 본 내용은 民間投資法상의 사업시행자의 권리가 공법상 계약에서 나오는 독점적 토지수용, 사용권, 배타적 관리운영 및 수익권 등을 규정하고 있다. 특히 "고양시는 본 사업기간 동안 사업시행자의 자격 및 권한과 권리를 철회, 박탈 또는 변경을 할 수 없다"는 부분은 이를 더욱 뒷받침하고 있다. 이는 민간투자계약이 사업시행자에 대한 독점저 배타저 관리운영권을 부여하고 있으며 따라서 '民間投資制度'는 급부행정에 관련된 公的 管理行政의 영역에 있어서 민간이 공행정주체와의 협력하에 자신이 재정적 기술적으로 투자를 하고 당해 사업의 시설물을 공중에 제공하여 관리이용권을 독점적으로 특허를 받아 일정한도의 수익을 보장받는 특수한 行政契約의 締結을 통하여 이루어지는 公法制度라는 점에 부합하게 된다. 私見으로는 사업시행자에게 상기의 권리를 부여하는 규정은 民間投資事業상 사업시행자의 '본질적 권리규정'이라고 할 것이다.

두 번째의 문제 즉 契約의 終了(解除, 解止) 및 不可抗力 事由와 관련하여 전형적인 프랑스 判例法上의 行政契約理論이 適用될 수 있다.

私見으로는 첫째, '불가항력의 문제'에 대하여 면책을 하는 것은 앞에서 프랑스의 行政契約에서 살펴본 것처럼 계약당사자와 무관한 사유로 인해 계약이행이 불가능한 경우 이행의무를 면제시켜주는 '不可抗力의 理論'으로 설명될 수 있다. 둘째, 고양시는 또한 事業施行者의 귀책사유로 인하여 사업에 지장이 있는 경우에는 행정관청의 일방적 해지권 및 사업시행자지정취소처분을 할 수 있다(협약 제50조 제3항)는 규정은 프랑스법상의 制裁權의 일종으로 해석할 수 있고, 또한 고양시는 일방적 요구로 공사의 중지 등 일정한 요구를 할 수 있고, 관리운영권을 몰수할 수 있다(협약서 제51조)는 규정은 일종의 '一方的 變更權'으로서 즉, 行政主體가 계약의 이행과정 중에 契約相對方

에 의하여 실현될 급부의 범위를 변경하여 급부의 증가나 감소를 요구할 수 있는 권리와 유사한 行政高權이라고 볼 수 있다. 또한 이 경우에 고양시(主務官廳)의 귀책사유로 간주하여 사업시행자의 손실 등 추가비용에 대하여 고양시는 재정보상을 하고 使用料 또는 무상사용기간을 연장할 수 있다는 규정은 프랑스 判例上 '王子行爲理論'과 일맥상통한다. 셋째, 계약당사자의 귀책사유와 무관한 특히 비정치적 위험으로 인한 손해에 대해서는 主務官廳과 사업시행자간의 일정비율로 위험의 분담을 하는 것은 일종의 프랑스 判例上의 '豫測不能理論'으로 설명될 수 있다고 본다. 특히 협약 제65조의 매수청구권의 규정중 제1호, 제2호의 규정의 성격은 예측불능이론의 한 사유를 규정한 보상규정이라고 볼 수 있다. 위 내용상 본 實施協約에서의 위험분배의 문제를 문구에 집착하여 '민사상의 위험부담법리'로 파악할 수도 있으나, 그 본질은 行政契約으로서의 公法上 契約, 즉 不平等契約的인 要素가 담겨져 있으므로 이는 전형적인 공법상 계약으로 볼 것이다. 또한 본 實施協約의 내용을 분석한 결과도 앞에서 언급한 프랑스 行政契約의 특징을 거의 전부 담고 있음을 알 수 있다.

세 번째의 문제 즉 사업시행자의 토지수용권은 수용에 대한 저항 및 민원의 소지를 줄이려는 실질적 목적을 가지고 규정하고 있는 것이지만, 법률적으로는 民間投資法 제20조에 의하여 사업시행자의 토지 등 수용권은 당연히 사업시행자의 권리이므로 본 고양시청에서는 사업시행자로부터 위탁을 받아서 토지수용업무를 대행하는 것이다. 이러한 것이 特許의 설정으로 인하여 사업주체의 권리의무가 사업시행자에게 이전됨을 의미하는 것이다. 또한 사업시행자의 관리운영권의 내용을 보면 운영개시일로부터 무상사용기간 20년, 최초사용료의 특정이 되어 있음을 알 수 있고 따라서 민간투자법상의 實施協約은 '복효적 행정처분'으로서 '사업시행자 및 사용자에 대한 이중처분을 가져오는 行政契約'의 성질을 가지게 된다. 특히 후에 논의할 것인바 건설된 공공시설을 이용하는 사용자가 지불하여야 할 使用料에 대하여 구체적으로 직접적으로 특정하는 것을 내용으로 하므로, 實施協約은 대국민적인 전형적인 '일반처분'으로서의 특징을 가지고 있음을 알 수 있다.

Ⅲ. 實施協約의 法的 性格

1. 意 義

實施協約의 法的 性格에 대하여 '私法上 契約이라는 見解'와 '公法上 契約(行政契約)이라는 見解'가 대립하고 있는 것으로 보인다.

2. 見解의 對立

가. 私法上 契約說

사법상계약설[46]은 ① 主務官廳과 協商對象者가 대등한 지위에서 實施協約의 각 조건들을 합의하여 협약은 締結되고 협약과정에 별도로 主務官廳의 행정작용이 필요한 것은 아니라는 점, ② 實施協約締結당사자는 民間投資法 제18조, 제19조, 제20조에서 정한 각 사항(사업을 위하여 필요한 사업부지의 범위를 어떻게 할 것인지, 사업부지를 主務官廳 측이 제공할 것인지 아니면 사업부지구입비를 총사업비에 포함시키고 이를 사업시행자로 하여금 구입하게 할 것인지, 사업부지 중 소유권을 취득할 할 필요가 없는 부분은 主務官廳이 어떤 방식으로 제공하고 사업시행자는 언제 반환할 것인지 여부 등)에 대하여 협의하여 정하게 되는 점, ③ 主務官廳과 사업시행자는 實施協約에 관련된 분쟁을 협약당사자의 상호합의, 중재 또는 민사법원에 의한 해결원칙을 천명하고 있는 점 ④ 主務官廳이든 사업시행자이든, 實施協約 위반으로 인한 채

---

46) 이규방 외 4인 공저, 인프라 民間投資事業의 표준實施協約(안) 지침수립 연구,; 안영환, 전게논문, 제25면, 그러나 안영환 변호사의 이러한 주장은 協商對象者지정행위는 행정행위로 보면서 實施協約은 사법상 행위라는 결론인바 協商對象者지정행위를 공권력의 행사로 보면서 오히려 수용권 등 강력한 공행정주체로서의 권리를 지니게 되는 사업자 지정 효과를 가져오는 實施協約締結을 사법상 계약으로 보는 것은 의문이다.

무불이행에 대하여는 민사상 책임을 부담하고 있는 점 ⑤ 民間投資法에 규정되지 않은 많은 사항들이 당사자 간의 협상을 통하여 實施協約내용에 포함되는 점 ⑥ 계약에서 정한 요건이 충족되면 당사자 누구라도 계약을 해지할 수 있는 점 등을 근거로 하고 있다.

공법상 계약설에서 주장하는 民間投資法 제18조, 제19조, 제20조의 각 각 사항에 대하여도 實施協約 締結시 협의를 통하여 구체적 내용을 정하여 締結하는 것이고 일방적인 공권력에 의한 결정이 아니므로 그 내용을 바꿀 수 있는 가변적인 것이므로 實施協約은 사법상 계약이라고 주장한다.

나. 公法上 契約說(行政契約說)

서울行政法院 2002구합 31572 優先協商對象者指定處分取消訴訟 및 같은 사건의 抗訴審인 서울高等法院 2003누6483 사건의 判示理由에서와 같이 "民間投資法 제18조 내지 제20조에 의하면, 사업시행자는 民間投資事業의 시행을 위하여 타인의 토지에 출입 등을 할 수 있고, 국공유재산을 무상으로 사용할 수 있으며, 토지 등을 수용 또는 사용할 수 있으므로 사업시행자지정의 효력을 가진 실시협약의 締結을 단순한 私法的, 一般的 契約關係라고 할 수 없다"고 판시하여 공법상 계약설을 취하고 있다.

3. 檢討 및 私見

사실상 이러한 견해의 대립은 行政法的인 理論構成을 통하여 첨예하게 대립되어 있는 것이 아니다. 특히 사법상 계약설은 관행적으로 民間投資事業을 하는 당사자들이 민사적 관점에서 계약체결을 하고 사업을 진행하면서 자연스럽게 형성된 관념일 뿐이다.

行政法理論的으로는 사법상 계약설의 경우 이른바 獨逸의 '2段階 理論'(Zwei-Stufen-theorie)[47]을 援用하여 주장할 여지도 있을지도 모른다.[48] 위 이

---

47) 朴正勳, 행정조달계약의 법적 성격, 민사판례연구[XXV], 박영사, 2003년, 584면.

론은 行政調達契約에 있어서 '급부상대방을 선정하는 결정'은 權力行爲로서 行政行爲이지만 '行政調達契約의 締結' 자체는 '私法上의 行爲'라는 見解이다. 그러나 이 이론은 본래 국가 행정작용이 국고행위로서의 사법상 행위로서 공법적 제한을 받지 않고 따라서 조달계약에 있어서 行政主體의 내부규칙은 일종의 행정규칙의 성격을 갖고 따라서 이에 반하는 입찰자의 선정이 무효는 아니라는 종래의 문제점을 지양하여 취소소송으로 구제하기 위하여 고안된 과도기적인 獨逸의 이론으로서 행정작용법의 연혁에 비추어 보면 맞지 않는 이론이다. 따라서 이러한 이론적 근거정도로 사법상 계약설을 유지할 수는 없을 것이다.

그러나 현행 민간투자의 본질과 현행법의 내용 및 효과를 보면 사법상 계약설은 타당하지 않다.

첫째, 행정작용의 대상 면에서 民間投資事業의 성격이 '給付行政'[49] 으로서의 公行政作用의 일환으로서의 社會間接資本施設의 공급을 중심으로 한 공물을 대상으로 하는 것에서 출발은 한다는 점을 보면 더욱더 그러하다.[50]

둘째, 民間投資法의 내용 및 효과 면에서 현행 민간투자 절차상 민간투자법상 實施協約을 締結하면 사업시행자 지정처분이라는 行政處分을 동시에 의제한다. 따라서 사업시행자는 公役務를 행사하는 주체로서 전형적인 행정법관계에 있어서 '特許契約'과 유사한 공행정의 주체로서 수용권 등의 특권을 지니며 또한 관리·운영에 있어서도 부과 및 징수권의 강제행사 등의 권한을

---

48) 위 이규방 외 4인 공저의 전게논문이 獨逸의 2단계설에 기초한 것이 아님은 물론이며 이에 대한 언급조차 되어 있지 아니하다. 다만 유사한 국면에서 주장할 수 있을지도 모른다는 가정하에 검토해 본다.

49) 현재 獨逸에서는 조달행정조차도 공법적 원리의 구속을 받는다는 견해가 많은 설득력을 얻고 있는 상황이므로 급부행정의 공행정작용의 성질을 부인하는 것은 일종의 시대착오적이라고 할 수 있다.

50) "2단계 이론이 제기된 이후 獨逸에서 급부행정이 비권력행정으로서 공법관계에 속하는 것으로 정착되고, 나아가 1960년대 行政法院法 제정 이후 행정행위가 아닌 공법적 행정작용에 대해서도 행정소송(금지소송과 일반이행소송)이 허용됨으로써, 급부행정에 관한 분쟁은 당연히 이러한 행정소송의 대상이 될 수 있게 되었으므로 이론의 의의가 소멸되었다"고 한다.; 朴正勳, 전게논문, 585면.

부여받게 된다. 물론 사업시행자로서 主務官廳과의 實施協約의 내용에 의하여 공법상 의무를 지게 됨은 물론이다.

따라서 實施協約의 締結이라는 行政契約의 締結은 사업시행자 지정처분이라는 행정행위를 법상 가져오는 동시에 국민들, 즉 장래 건설될 사회간접자본시설물의 이용자에게 使用料의 부담 의무를 부과하는 것으로서 일반적·개별적 처분, 즉 일종의 '一般處分'51)을 가져오게 되는 것으로서 따라서 實施協約은 전형적인 공법상의 계약으로서 行政契約52)이라 할 것이다.

Ⅳ. 實施協約의 法的 構造

민간투자법은 主務官廳이 민간과 實施協約을 締結하면 동시에 사업시행자로 지정된 것으로 본다. 따라서 行政契約으로서의 實施協約이 성립되면 동시에 민간제안자에게 사업시행자의 지위를 부여하는 처분의 성질을 가지므로 실시협약은 시행자지정처분의 효력을 가지는 것으로서 '이중효과를 수반하는 行政契約'이며 특히 사업시행자 지정처분은 개별적·구체적인 결정에 해당하는 프랑스법상의 개별적·일방적 행정행위(acte individuel)의 성질을 가진다.

---

51) 앞에서 민간투자법 제3조의 위헌성과 관련하여 문제된 하급심판결에서도 "이 사건 도로의 km 당 통행료가 한국도로공사가 관리하는 도로의 km 당 통행료를 초과한다고 하여 이를 바로 부당이득으로 볼 수 없고, 민간투자법 제25조 제4항은 '사업시행자가 使用料를 징수하는 경우 사용료, 사용료징수기간 기타 사용료에 관하여 필요한 사항은 대통령령으로 정한다.'고 규정하고, 같은 법 시행령 제23조는 '법 제25조 제4항의 규정에 의한 使用料는 사회간접자본시설사업의 총 사업비·적정수익률·무상사용기간 또는 소유·수익기간 등을 고려하여 實施協約에서 정한다.'고 규정하고 있는바, 이 사건 도로의 통행료는 피고와 건설교통부 사이에 2000. 12.경 締結된 공항고속도로 民間投資事業 實施協約 제45조에 따라 소형차의 경우 6,100원으로 결정된 사실을 인정할 수 있고 반증이 없는바, 위와 같이 통행료가 관계법령에 따라 적법하게 결정된 이상 피고가 부당이득을 취하였다고 볼 수 없으므로, 원고의 이 부분 주장 또한 이유 없다."라고 판시하고 있어 민간투자法에 의한 實施協約의 내용에 그대로 구속되므로 민법상 부당이득반환이 성립되지 아니한다고 판시한 바 있다.

52) 참고로 용어의 사용과 관련하여 '公法上 契約'은 '行政契約'과 동의어로 보는 견해에 입각하여서 용어를 정리한다.

즉 實施協約은 實施協約의 締結이라는 法律行爲를 통하여 '公法上 契約'(öffentlich-rechtlicher Vertrag)과 '사업시행자 지정'이라는 行政處分이 동시에 발생하는 복합적 내지 이중적 성격의 행위의 이중적 성격을 가진다.[53]

또한 實施協約의 締結은 行政主體인 主務官廳과 사업시행자 사이에는 行政契約으로서의 성질을 가지는데 主務官廳과 사업시행자 사이에 맺어진 實施協約의 내용에 의하여 관리운영권을 부여하므로 이에 의하여 한편 行政主體는 사회기반시설물 등의 利用者에게는 事業施行者의 管理徵收權 등의 强制에 따를 것을 명하는 處分的인 效果를 가져온다.

즉 實施協約이라는 하나의 行政契約締結을 통하여 첫째 사업시행자에게 사업시행자 지위를 부여하는 개별적·일방적 행정행위(acte indi-viduel)가 있고, 둘째 利用者에 대하여 '일반적·구체적 행정행위', 즉 '一般處分'을 발하게 된다. 따라서 당사자 관계에서 즉 "關係的 兩面性"을 가진다.

따라서 私見으로는 本 硏究를 통하여 實施協約의 行政作用을 "三面的 行政作用關係"에 있어서 "二重處分的 行政契約"(contrat administratif avec deux actes administratifs unilaterals, Der Verwaltungsvertrag mit Doppelverwaltungsakt)[54]이라고 명명한다.

참고로 현행 民間投資法의 實施協約의 법적 성질을 위와 같이 이론구성을

---

53) 따라서 일방이 實施協約에 따른 이행사항을 이행하지 못하였을 경우 主務官廳은 계약불이행에 기초한 實施協約의 해지권과 行政處分의 취소로서의 성격을 갖는 사업시행자 지정 취소처분권한을 함께 갖게 되고 사업시행자 역시 實施協約의 해지권 및 사업시행자지정처분취소에 대한 취소소송을 제기할 수 있게 된다.

54) "프랑스의 '행정행위'(acte administratifs)라고 함은 獨逸의 행정행위(Verwaltungsakt)와 달리 행정의 모든 공법적 행위를 포괄하는 것인데, 일방적 행위인 '집행적 결정'(décision exécutoire)과 쌍방적 행위인 行政契約(contrat administratif)까지 포함하는 개념이며 여기서 '집행적 결정'(décision exécutoire)이란 '일방적 행정행위'(acte administratif unilateral)이라고도 하며 여기에는 獨逸의 행정행위와 같은 개별적 구체적 결정에 해당하는 '개별적 행위' (acte individuel) 만이 아니라 행정입법에 해당하는 법규 제정행위 (acte réglementaire)도 포함되며, 行政契約(contrat administratif)은 행정이 締結하는 계약 중 공법적인 것만을 가리키고 사법적인 것은 제외된다는 점에서 獨逸의 '공법상 계약'(öffentlich-rechtlicher Vertrag)과 동일하지만 공법의 개념이 公役務와 공익을 중심으로 기능적, 실질적인 관점에서 매우 넓게 파악되므로, 그것보다 범위가 훨씬 넓다: 朴正勳, 전게논문, 593-594면."

하여 외국어의 단어로서 개념정의를 할 때 獨逸과 프랑스의 차이를 유념해 두지 않을 수 없다. 왜냐하면 프랑스와 獨逸의 행정행위에 대한 개념정의와 용어가 차이가 나기 때문이다. 따라서 私見으로는 實施協約을 "二重處分的 行政契約"으로 부르되 사업시행자지정처분은 行政契約에 기인하는 것이므로 일방적이라고 볼 수 없는 여지는 있고 또한 行政契約에 부수하는 것으로서 민간투자법률에 의하여 사업시행자 지정처분이 간주되는 것이긴 하지만 이는 특정사업시행자에 대한 특정 사업에 대한 사업시행자로서의 지정처분이므로 執行的·一方的·具體的 決定이라고 파악된다.

따라서 프랑스어로 정의할 때 "contrat administratif avec deux actes administratifs unilaterals"로 용어화하면 될 것으로 보이며, 독일어로는 일반처분(Allgemeinverfügung)을 행정행위(Verwaltungsakt)의 개념범주에 들어가는 것으로 설정하면 "Der Verwaltungsvertrag mit Doppelverwaltungsakt"로 명명하면 된다고 판단된다.

V. 事業施行者의 地位

1. 事業施行者의 二重的 地位

現行 民間投資制度는 "사인이 공공공사에 재정적으로 參與하여 기술을 提供하고 시설물을 완성하는 것을 내용으로 하는 협력계약이고 이에 의거하여 實施協約의 내용에 따른 독점적인 관리운영권을 배타적으로 행사하는 것을 내용으로 하는 특수한 行政契約"이라는 民間投資制度의 기본적인 개념적 특징을 모두 가지고 있다.

主務官廳과 實施協約을 締結하면 이와 동시에 사업시행자 지정이라는 行政處分이 간주되어 사업시행자의 지위를 갖는다. 따라서 이때 사업시행자는 主務官廳에 대하여 '民間投資契約의 當事者로서의 地位'를 가짐과 동시에 民間投資事業을 시행함에 있어서 제3자에 대한 '公行政主體로서의 地位'를 가지게 된다.

前者, 즉 '민간투자계약의 당사자로서의 지위'는 行政契約의 당사자로서 行政契約의 내용에 따라 民間投資事業을 시행하고 관리운영권 등을 행사할 수 있는 민간사업자가 "行爲特許者로서의 地位"를 가지는 것이고, 後者, 즉 제3자에 대한 '公行政主體로서의 地位'는 일종의 '公務受託私人'처럼 公行政主體로서 고권적인 권한을 자신의 이름으로 행사할 수 있는 지위에 서게 되는 것이다.

가. 民間投資契約의 當事者로서의 地位

따라서 위 地位에 의하여 權利의 측면에서 實施協約締結에 따른 事業施行者는 법률적으로 사업시설을 소유 또는 관리, 운영할 독점권을 가지게 된다. 예를 들어 사업시행자가 수도, 상하수도, 가스, 전기 등을 공급하는 사업을 하는 경우 사업시행자는 해당 지역에 대한 독점적 공급권을 가지게 되는 것이다. 부언하면 먼저 권리의 측면에서 사업시행자는 시설의 소유권 또는 운영권을 독점적으로 보장받기 때문에 主務官廳은 동일 또는 유사한 사업에 복수의 사업시행자를 지정할 수 없다.

또한 主務官廳은 사업시행자가 實施協約의 내용을 이행하지 않는 경우에는 實施協約을 해지할 수 있는 '解止權'과 '事業施行者 指定取消處分權'을 갖게 된다. 主務官廳의 조치가 부당한 경우 사업시행자는 이에 대하여 취소소송을 제기할 수 있다.

의무의 측면에서도 사업시행자는 公共施設의 소유권 또는 관리운영권 등을 독점적으로 부여받는 대신에 당해 시설물을 이용하려는 모든 사람에게 적절한 公共서비스를 공급할 의무를 부담하며 이를 일시 중단하거나 폐지하는 일 없이 지속해야 하는 의무를 강하게 부담한다.[55] 이는 民間投資事業의 공공성과 公役務의 특성상 인정되는 당연한 의무로 해석된다.

또한 사업시행자는 차별금지의무가 있다. 따라서 원칙적으로 시설 이용을

---

55) 私見으로는 이를 '차별금지의 원칙', '公共서비스 계속원칙'이라고 부를 수 있다.

제한하거나 차별적인 조건을 제공할 수 없고 실시협약에 근거하지 아니하고
사업의 수익성을 높이기 위하여 수요시장을 분할하거나 일부 축소하는 일 등
도 불가능하다.

使用料 등 公共서비스 공급조건의 설정이나 변경 시에도 主務官廳의 승인
이나 인가를 받아야 한다. 使用料 수준에 대해서도 실시협약의 내용을 벗어
나서 일정한 상한을 넘거나 다른 유사시설의 使用料에 비해 현저히 높게 책
정한다면 이것은 감독권의 대상이 된다. 이러한 사업시행자의 의무에 근거하
여 사업시행자는 해당시설의 건설과 운영을 통해 정당한 투자수익을 얻는지
여부, 의무이행여부에 대하여 主務官廳의 감독을 받는다.

나. 公行政主體로서의 地位

民間投資法상의 사업시행자는 아래에서 보는 바와 같이 민간투자법상의
수용권, 부대사업시행권 등 民間投資事業을 시행하기 위한 범위 내에서 공행
정의 주체로서의 지위를 가진다. 즉 이것은 '公務受託私人'56)처럼 公行政主

---

56) 코스닥등록을 하는 한국증권업협회가 행하는 등록결정 혹은 그 취소결정의 處分性과 관
련하여 '한국증권업협회'의 공무수탁사인성 즉 행정청으로서의 地位가 문제된 사인이 있
다. 서울행정법원에서는 '증권거래법은 유가증권의 발행과 매매 기타 거래를 공정하게
하여 유가증권의 유통을 원활히 하고 투자자를 보호함으로써 국민경제의 발전에 기여함
을 목적으로 하고(법 제1조), 유가증권시장(증권거래소)에 유가증권을 상장하고자 하는
법인이나 협회중개시장에서 법인이 발행하는 유가증권이 거래되도록 하고자 하는 비상
장법인은 금융감독위원회에 등록하여야 하며(법 제3조), 금융감독위원회는 법 제3조 규
정에 의하여 등록된 법인에 대하여 자금조달·재무구조의 개선 등 건전한 경영관리를
위한 등록법인의 관리기준을 정하고 필요한 권고를 할 수 있고(법 제6조), 피신청인은
유가증권의 매매 등을 영위하는 증권회사를 회원으로 하여 회원 상호간의 건전한 영업
질서 유지 및 투자자 보호를 위한 업무와 대통령령이 정하는 유가증권의 공정한 매매를
중개하는 등의 협회중개시장의 운영업무 등을 담당하며(법 제162조제1항, 법 제162조의
2), 협회중개시장에서 대통령령이 정하는 유가증권이 거래되도록 하고자 하는 법인은 증
권회사를 통하여 피신청인에 등록하여야 하고(법 제172조의2), 피신청인은 협회중개시장
의 운영과 관련하여 협회등록요건 및 절차, 협회중개시장에서의 매매거래 기타 대통령령
이 정하는 사항에 필요한 규정을 정하되, 그 제정·변경 또는 폐지를 하고자 하는 경우
에는 금융감독위원회의 승인을 얻도록 하고 있으며(법 제172조의3), 금융감독위원회는
공익 또는 투자자의 보호를 위하여 협회에 대하여 그 업무의 停止를 명하거나 당해 임
원의 해임을 요구할 수 있도록 하고(법 제168조), 한편 피신청인은 회원조직으로서의 법
인이고(법 제162조제2항), 회원들은 회비를 납부할 의무가 있으며(법 제165조), 이 법 또

體로서 고권적인 권한을 자신의 이름으로 행사한다. 사업시행자의 행정청으로서의 특권은 별도의 항목에서 후술한다.

民間投資法의 규정을 종합해 볼 때 公行政主體로서의 지위는 舊 都市再開發法上의 再開發組合의 權限과 유사하다.57)

는 이 법에 의한 명령에 대하여 특별한 규정이 있는 것을 제외하고는 민법 중 사단법인에 관한 규정을 준용하도록 하고 있는바(법 제170조), 위에서 본 규정들과 증권거래법령의 여러 규정들을 종합하면, 피신청인은 회원조직으로서의 민법상 사단법인이기는 하지만 증권거래법상 유가증권발행인의 등록업무는 금융감독위원회가 관리하는 국가의 사무의 일부로서 같은 법에 의하여 피신청인에게 위탁된 공무이고, 협회등록결정이나 그 취소결정은 공권력의 행사로서 行政處分이라고 보아야 한다. 따라서 위와 같이 피신청인은 협회중개시장의 운영업무와 관련된 협회등록이나 그 취소업무를 수행하는 범위 안에서 行政訴訟法 제2조제2항 소정의 行政權限을 위탁받은 私人, 이른바 公務委託私人이라고 할 것이다'고 판시하여 이를 긍정하였다(서울행정법원 2001.9.18.선고 2001아1428 결정).

57) 재개발조합의 법적 성격과 관련하여 대법원은 재개발사업이라 함은 건설부장관이 도시계획으로 지정한 재개발구역 안에서 토지의 합리적이고 효율적인 고도 이용과 도시 기능을 회복하기 위하여 도시재개발법이 정하는 바에 따라 시행하는 건축물 및 그 부지의 정비와 대지의 조성 및 공공시설의 정비에 관한 사업과 이에 부대되는 사업을 말하며 도심지재개발사업과 주택개량재개발사업으로 구분하여 시행하고(법 제2조제2호), 재개발구역 안에서 건설부장관에 의한 재개발사업계획의 결정 후 그 사업을 시행함에 있어서는 토지 등의 소유자 또는 그들이 설립하는 재개발조합(이하 '조합'이라고 한다)이 시행함을 원칙으로 하되, 예외적으로 건설부장관이 지정한 지방자치단체, 대한주택공사 및 한국토지개발공사와 재개발사업의 시행을 사업 목적 등으로 하여 설립된 특수법인 또는 제3개발자로 하여금 이를 시행하게 할 수 있는데(법 제9 내지 11조), 조합은 건설부장관으로부터 조합의 설립과 재개발사업 시행에 관하여 인가를 받아 설립된 법인으로서 재개발구역 안의 토지 등의 소유자와 지상권자는 당연히 당해 조합의 조합원이 되며(법 제17조, 제20조), 그 사업을 시행함에 있어서는 다른 재개발사업시행자와 마찬가지로, 그 사업의 시행상 지장이 있다고 인정되는 때에는 재개발구역 안의 건축물 또는 공작물의 소유자에게 철거 및 이전을 요구할 수 있고 그 대상자가 이에 불응한 경우에는 관할 시장 또는 군수에게 위탁하여 行政代執行法에 의하여 이를 집행할 수 있으며(법 제36조), 필요한 경우 토지수용법에 따른 수용을 할 수 있고(법 제38조) 재개발사업의 시행에 관하여 감독상 필요하다고 인정될 경우 명에 따른 보고 또는 자료제출 등의 의무가 있는 등 건설부장관의 감독을 받는다(법 제61조, 제62조). 한편 재개발사업시행자는 사업시행인가의 고시가 있은 날로부터 60일 내에 대지 또는 건축시설에 대한 분양신청을 받은 후 관리처분계획을 정하여 건설부장관의 인가를 받아야 하는 바, 그 관리처분계획에는 분양설계, 분양대상자의 주소 및 성명, 분양대상자별로 분양예정의 대지 또는 건축시설의 추산액과 종전의 토지 및 건축물의 명세와 가격 등을 정하여야 하고(법 제40조, 제41조), 대지 및 건축시설은 관리처분계획에 의하여 이를 처분 또는 관리하여야 하며(법 제47조), 재개발사업시행자가 행한 처분에 불복이 있을 때에는 行

2. 事業施行者의 法的 性格

민간투자법상의 사업시행자는 公役務의 提供을 할 목적으로 설립된 "私法人"으로서58) '公企業(entreprise publique)'의 성질을 가진다.

특히 公企業의 개념과 관련하여 우리나라의 行政法 교과서에는 '공익성'을 요건으로 하고 있는 경우가 많지만, 공익성의 요건은 기능적 의미의 기업개념에서는 불필요한 개념이다. 이와 관련하여 유럽연합의 제도국가인 '프랑스에서 公企業'이라 함은 일반적으로 "전체적 혹은 부분적으로 사적인 소유나 경영의 지배를 피하여 국가나 지방자치단체의 다소 밀접한 감독을 받는 법인체의 회사를 말하며, 이 때의 법인체는 공법인 사법인을 불문한다"고 한다.59) 또한 회원국과 公企業의 재정관계의 투명성에 관한 1980년 6월 25일자 유럽공동체위원회의 준칙(Directive)에서는 '公企業'에 대하여 "소유권, 재정적 참여 또는 그를 규율하는 법규 때문에 공권력이 직접 또는 간접으로 지배적인 영향력을 행사할 수 있는 기업"60)을 말한다고 정의하고 있다.

이에 대하여 OECD는 "公企業이라고 함은 일반상사와 같이 원가를 넘길 수 있는 가격에 팔 목적으로 재화와 용역을 생산하는 기업으로서 국가가 소유하거나 지배하는 기업"61)이라고 정의하고 있다.

政審判法에 의하여 行政審判을 제기할 수 있다(법 제67조). 이러한 조합의 설립목적 및 취급 업무의 성질, 권한 및 의무, 재개발사업의 성질 및 내용, 管理처분계획의 수립 절차 및 그 내용 등에 비추어 보면 조합은 조합원에 대한 法律關係에서 적어도 특수한 존립 목적을 부여받은 특수한 行政主體로서 국가의 감독하에 그 존립 목적인 특정한 공공사무를 행하고 있다고 볼 수 있는 범위 내에서는 공법상의 權利義務關係에 서있다고 판시하였다(대법원 1996.2.15.자 선고 94다31235 判決 등).

58) "民間投資法의 '사업시행자'라고 함은 公共部門 외의 자로서 제13조의 규정에 의한 사업시행자의 지정을 받아 民間投資事業을 시행하는 법인을 말한다"(민간투자法 제2조 7호). 라고 규정하고 있어서 사업시행자를 법인에 한정하고 있다. 만일 사업시행자가 현재 자신이 법인 이름으로 그대로 계약을 하지 않고 법인을 신설하여 民間投資事業을 시행하는 경우(민간투자法 제14조)에는 일종의 당해사업을 목적으로 설립되는 'paper company'(spc)로서의 기능을 한다고 판단되며, 실무에서는 대부분이 법인을 신설하여 民間投資事業을 진행하고 있다.

59) 이광윤 / 김민호 / 강현호 공저, 행정작용법론, 법문사, 2002, 318면

60) 박연호 / 박균성 공역, 프랑스행정의 이해, 박영사, 1997, 387면

따라서 民間投資法上의 사업시행자가 기존의 민간법인의 이름으로 계약을 하건 또는 새로운 법인을 설립하여 사업을 진행하던지 양자 모두 民間投資法 및 實施協約이라는 공법상 계약에 의거하여 당해 民間投資事業의 시행에 있어서는 국가공공단체의 지휘·감독을 구체적으로 받게 되므로 이러한 면에서 사업시행자 법인은 '公企業(entreprise publique)'의 성질을 가지고 있다. 특히 국가 또는 지방자치단체의 당해 民間投資事業에 일정한 재정지원[62]을 하는 경우 더욱 더 공기업의 성질을 가진다고 본다.[63]

즉 요약하면 民間投資法上의 사업시행자는 법인격상 "私法人"이지만 기업형식의 활동 면에서 '특허기업'인 동시에 '公企業'(entreprise publi-que)이다. 즉 법형식에서 "私法人"이라고 하더라도 그 행위의 실질이 급부행정으로서 비권력작용으로서의 공법원리를 적용받는다고 해석되는 경우에는 공법관계이고 그렇지 않은 경우 즉 사업시행자가 법인의 자격으로 당해 공사를 위하여 제3자와 하도급계약의 체결이나 설계계약의 체결 등 별도의 용역계약 등을 체결하는 것은 원칙적으로 민사관계로 파악될 수 있다.[64] 이러한 法理는 '공법행위와 사법행위의 구별' 원론적으로는 공사법의 구별문제와 관련되어 '實質說'에 입각하여 판단해야 하므로 따라서 각 행위의 내용을 구체적 실질적으로 파악

---

61) Les entreprises publiques sont des entreprises qui, comme les entreprises commerciales produisent des biens et services en vue de leur vente à un prix qui doit couvrir approximativement leur prix de revient, mais qui sont la proprieté de l'Etat ou placées sous son contrôle: 이광윤/ 김민호/ 강현호 공저, 前揭書, 320면 각주 27) 재인용
62) 민간투자법 제11조 제1항 제4호에서는 시설사업기본계획의 내용에 "재정지원의 규모 및 방식 등 국가 또는 지방자치단체의 지원에 관한 사항"을 정하도록 규정하고 있다.
63) 민간투자법상의 민간투자법인이 법형식으로서는 '사법인'이고, 그 법적 성질은 '특허법인'이라는 데에는 이설이 없다. 다만 공기업의 성질을 가지는지가 문제되는데 국가의 지휘 감독의 면에서 공기업의 성질을 가진다고 본다.
64) 공사법의 구별기준을 "공익실현의 문제"로 보고 기능적인 면에서 파악하여 '행정조달계약'의 법적 성격을 공법으로 파악하자는 견해가 있다.; 朴正勳, 前揭論文, 616면. 이 견해가 타당성을 가지고 있으나 행정조달계약과 달리 민간투자계약의 경우 實施協約 締結에 기한 사업시행자의 타인과의 하도급계약 등의 건설공사 발주는 국가 등이 직접 발주하는 행정조달계약과 다른 면이 있다고 보이며 따라서 사업시행자의 다른 제3자와 締結하는 하위계약은 민사관계로 파악될 수 있고 다만 그 경우에도 실질적으로 보아 공법적인 수정이 있을 수 있음은 물론이다.

해서 결정되어야 한다.

3. 事業施行者의 特權

가. 民間投資法의 內容

사업시행자의 民間投資事業의 시행에 있어서 특권을 보면 ① 수의계약체결권(민간투자법 제19조 제1항, 제2항)[65], ② 국·공유재산 무상사용·수익권(동법 제19조 제3항)[66], ③ 사업구역 내 토지무상사용권(동법 제19조 제4항), ④ 사용수익의 허가 또는 대부권(동법 제19조 제5항), ⑤ 토지 사용 및 수용권(동법 제20조), ⑥ 부대사업시행권(동법 제21조) 등이다.

특히 사업시행자의 公行政作用으로서의 지위와 관련하여 가장 중요한 것이 토지수용권 및 부대사업시행권이다.

나. 收用權 및 附帶事業施行權의 내용

첫째, 수용권의 내용을 보면 사업시행자는 공익사업을위한토지등의취득및보상에관한법률(이하 토지보상법이라고 한다) 제3조의 규정에 의한 토지·물건 또는 권리를 수용 또는 사용할 수 있고, 실시계획의 고시를 토지보상법상의 사업인정 및 사업인정의 고시로 보며, 재결의 신청은 실시계획에서 정하는 사업의 시행기간 내에 할 수 있다.

특이할 점은 사업시행자가 자신의 토지 등의 수용 또는 사용과 관련한 토지매수업무·손실보상업무·이주대책사업 등의 시행에 관한 권한을 主務官廳

---

65) 수의계약체결권의 경우 民間投資事業의 예정지역 안에 있는 국가 또는 지방자치단체 소유의 토지로서 民間投資事業의 시행에 필요한 토지에 대하여는 관계 행정기관의 장과 사전협의를 거쳐야 하며 당해 사업에 대한 시설사업기본계획이 고시된 날부터 당해 사업외의 목적으로 이를 매각할 수 없고 협의를 거친 民間投資事業의 예정지역 안에 있는 국·공유재산은 국유재산법 및 지방재정법의 규정에 불구하고 사업시행자에게 수의계약으로 이를 매각할 수 있다(民間投資法 제19조 제1항, 제2항).

66) 사업시행자는 民間投資事業의 예정지역 안에 있는 국·공유재산에 대하여 실시계획이 고시된 날부터 준공확인이 있을 때까지 무상으로 사용·수익하게 할 수 있다(民間投資法 제19조 제3항).

또는 관계 지방자치단체의 장에게 위탁할 수 있다는 것이다.

둘째, 사업시행자의 부대사업시행권[67]의 내용은 主務官廳이 사업시행자가 民間投資事業을 시행함에 있어서 당해 사회간접자본시설의 투자비 보전 또는 정상적인 운영을 도모하기 위하여 필요하다고 인정하는 경우에는 시설사업기본계획이 정하는 바에 의하여 民間投資法상의 부대사업을 당해 民間投資事業과 연계하여 시행하게 할 수 있다고 규정[68]하고 있다. 이러한 부대사업시행권은 實施協約에 포함되어야 하며 실시계획을 고시한 때에는 당해 부대사업과 관련되는 다음 각호의 인·허가 등을 받은 것으로 의제한다.

이에 따라 택지개발사업을 부대사업으로 시행하는 사업시행자의 경우 택지개발촉진법 제7조의 규정에 의한 국가 또는 지방자치단체로 간주한다(民間投資法 제21조 제7항).

다. 檢 討

민간투자법상 사업시행자에 대한 권한 부여는 사업시행의 목적을 위한 특권의 설정이라고 할 수 있다. 위와 같은 내용들은 공권력의 주체가 아니면 할 수 없는 전형적인 公行政作用이라고 할 것이다. 예컨대 수용권의 경우에도 도시재개발법상의 재개발조합이 재개발사업의 시행과 관련하여 토지수용권을 갖고 있었던 것에 비추어 볼 때 민간투자법상의 사업시행자의 지위도 이와 유

---

67) 일본의 "PFI 법 (민간자금등의활용에의한공공시설등의정비등의촉진에관한법률)"에는 부대사업시행권 규정이 없다. 일본의 PFI 법은 사업시행자의 국유재산법에 대한 예외적 대부권, 국유재산무상사용권, 토지수용권만이 있다. 현재 부대사업시행권과 같은 현행 우리나라의 민간투자法의 내용은 지나칠 정도로 사업시행자에 유리하게 규정되어 있다고 판단된다.

68) "1. 주택법에 의한 주택건설사업, 2. 택지개발촉진법에 의한 택지개발사업, 3. 국토의계획및이용에관한법률에 의한 도시계획시설사업, 3의 2. 도시개발법에 의한 도시개발사업, 4. 도시및주거환경정비법에 의한 도시환경정비사업, 5. 산업입지및개발에관한법률에 의한 산업단지개발사업, 6. 관광진흥법에 의한 관광숙박업, 관광객이용시설업 및 관광지·관광단지 개발사업, 7. 화물유통촉진법에 의한 화물터미널사업, 8. 항만운송사업법에 의한 항만운송사업, 9. 유통산업발전법에 의한 대규모점포(시장에 관한 것을 제외한다), 도매배송업 또는 공동집배송단지사업, 10. 지역균형개발및지방중소기업육성에관한법률에 의한 복합단지개발사업."을 규정하고 있다.(민간투자법 제21조)

사하다.

문제는 民間投資事業의 경우 '부대사업시행권을 부여한 취지'에 대하여 다시 한번 재검토를 요한다. 즉 民間投資法 제21조 ⑧ 제1항의 규정을 보면 부대사업의 시행에 필요한 요건[69]을 "1. 부대사업의 사업비는 당해 民間投資事業비의 범위 이내일 것, 2. 부대사업은 당해 民間投資事業과 연관되고 당해 民間投資事業시행지역과 지리적으로 근접한 지역에서 시행될 것"을 정하고 있다.

私見으로는 民間投資事業에 있어서 부대사업의 경우에는 법상 인정하고 있는 부대사업은 당해 民間投資事業과는 별개의 사업으로서 이는 사업시행자의 손실보전을 위한 것으로서 이는 공익성과 상치될 가능성이 있다. 民間投資法 제21조 제1항에도 "사업시행자의 투자비보전 및 정상적인 운영을 도모"한다는 내용으로 규정되어 있는 것이다. 민간자본의 유치는 사기업 부문의 효율성과 창의성을 공공부분에 투입하기 위한 것이며 이를 통하여 당해 사업시행시설물에 대하여 관리운영권을 부여하는 정도에 그칠 것이며 이를 넘어서서 사업보전을 위한 목적으로 다른 공행정사업 일체를 포괄적으로 부대사업으로 인정할 수 있게 한 것은 문제가 있다. 특히 최근에 택지개발사업 등 정부가 국토개발의 권한을 모두 쥐고 일방적으로 수용권을 발동하여 개발사업을 시행하여 개발이익을 독점하는 현실에 대하여 비판이 있음에 비추어 이러한 부대사업권을 民間投資事業을 시행하는 사업시행자에게 부여하는 것은 民間投資法의 입법목적에 맞지 않는 것으로 본다.[70]

---

69) 2004년도 12월 최근에 민간투자법 개정안의 내용에 의하면 민간투자법 제21조 제8항 2호의 사유를 "그 밖에 당해 사회기반시설의 정상적인 이용과 기능발휘에 기여하고 국가 또는 지방자치단체의 재정지원을 절감할 수 있는 수익사업"이라고 규정하여 부대사업의 요건을 완전히 완화시키고 있다(개정안 제21조 제8항 제2호).

70) 2004년도 12월 최근에 民間投資法 개정안의 내용에 의하면 民間投資法 제21조의 11호를 신설하여 "그밖에 당해 사회기반시설의 정상적인 이용과 기능발휘에 기여하고 국가 또는 지방자치단체의 재정지원을 절감할 수 있는 수익사업"이라고 규정하여 오히려 부대사업의 범위를 '一般 條項化'시키고 있다(개정안 제21조 제1항 제11호). 私見으로는 이러한 입법안은 국가의 재정절감이라는 목적하에 지나친 입법내용임을 지적하지 아니할 수 없다.

부대사업권의 내용은 행정법적인 관점에서는 행정법상의 일반원칙인 '不當
結付禁止의 原則'에 위반될 여지가 있다.

VI. 實施協約에 있어서 法的 紛爭 및 爭訟形態

1. 紛爭의 特徵

첫째, 實施協約의 당사자는 主務官廳과 사업시행자 두 당사자이지만 위에
서 말한 것처럼 이로 인하여 발생되는 권리의무의 법률관계는 시설이용자와
의 3면 권리관계를 이루게 된다. 즉 위에서 언급한 것처럼 民間投資事業의
直接的 當事者地位는 主務官廳과 사업시행자이지만 양 당사자의 實施協約
의 締結로 인하여 장차 건설하는 공물을 이용하는 자에게 이용료를 부과하는
공법적인 의무를 부담시키게 되므로 결국 實施協約의 직접적 당사자인 主務
官廳과 事業施行者의 관계뿐만 아니라 간접적으로는 이용자까지 포함하는
세 당사자 사이의 3면 관계를 형성하며 이에 따라 이용자는 사업시행자의 관
리운영권에 복종해야 하는 관계가 성립한다. 결국 실시협약의 '직접적 당사
자'가 締結한 實施協約의 내용에 복종할 것을 이용자에게 명하는 '一般處分'
의 성질 가진다.

따라서 實施協約에 따른 분쟁은 3면 관계 즉 세 당사자 사이에서의 법률관
계를 중심으로 소송형태 등을 고려해야 한다.

둘째, 위와 같은 實施協約은 主務官廳과 사업시행자 사이에서 締結되므로
양당사자 사이에서의 위법한 實施協約의 문제 또는 實施協約의 불이행 등은
이를 주장하는 당사자가 바로 訴求를 하면 된다. 그런데 實施協約의 간접당
사자인 시설물의 장래 利用者의 경우에는 實施協約이 일종의 행정계획과 유사
한 성질을 가진다. 왜냐하면 實施協約에 의하여 사업시행자가 실시계획을 승
인 받고 시설물을 시공하여 준공확인을 받고 나서 사업시행자가 관리운영권

을 행사할 때 비로소 이용자에게 이용료 징수행위라는 구체적인 처분이 발생하며 그 전 단계까지는 實施協約에 구체화되어 있더라도 이것이 현실화되려면 부과권의 행사가 있어야 하므로 일단 이용자에 대한 구속력을 가지는 부분은 장래적인 효력을 갖는 구속적 행정계획과 유사한 성질을 가지기 때문이다. 따라서 결국 이러한 경우에는 행정소송으로서 마치 행정계획에 대한 '예방적 부작위소송'과 유사한 국면을 가지게 되며 결국 이용자에 대한 實施協約의 일반처분성을 긍정하여 '實施協約 無效確認 또는 取消訴訟'의 可能性을 검토해 보아야 한다.

2. 3面 關係에서의 각 紛爭의 形態 및 問題點

가. 主務官廳과 事業施行者의 關係

主務官廳과 사업시행자 사이에는 實施協約에 따라서 권리의무가 결정되는데, 實施協約이 시설사업기본계획에 반하는 경우의 효력 및 분쟁해결방법, 實施協約의 당사자 일방이 實施協約을 불이행 하는 경우의 분쟁해결방법이 문제된다.

첫째, 主務官廳에서 고시한 시설사업기본계획의 내용에 반하여 實施協約이 締結된 경우의 효력이 문제된다. 본래 實施協約을 締結하기 위해서 협상을 할 때 協商對象者의 경우 협상과정에서 시설사업기본계획에서 고시된 사업시행조건과 배치된 협상조건을 제시해서는 안 된다. 시설사업기본계획에서 제시된 조건보다 정부 또는 이용자에게 부담이 되는 새로운 조건을 제시할 수 없으며 마찬가지로 主務官廳 또한 원칙적으로 시설사업기본계획으로 고시한 사업내용보다 사업제안자에게 불리한 내용을 강요할 수 없다. 따라서 시설사업기본계획에서 고시한 내용의 사업과 전혀 다른 사업내용으로의 변경은 시설사업기본계획을 변경하지 않고서는 불가능하다. 그럼에도 불구하고 시설사업기본계획에서 고시된 내용과 다른 처분 및 새로운 조건의 설정 등이 시설사업기본계획과 배치된다고 해석되는 경우에는 이로 인하여 締結한 實施協

約은 원칙적으로 무효이다.71) 왜냐하면 시설사업기본계획은 법리적으로 소위 '法規的 行政計劃'으로서 구속적 행정계획의 성질을 가지는 만큼 원칙적으로 이를 고시한 主務官廳과 민간사업자 양자 모두를 기속하기 때문이다.

위와 같이 實施協約은 공법상계약의 성질을 가지기 때문에 實施協約이 위법한 경우에는 公法上 當事者訴訟으로서 契約無效確認의 訴를 제기해야 한다.72) 물론 實施協約이 私見처럼 '二重處分的인 行政契約'의 성질을 가지더라도 사업시행자지정처분 자체의 위법성을 다투는 것이 아니라 實施協約의 내용이 시설사업기본계획 등에 반하는 것을 내용으로 하는 것이므로 따라서 실시협약취소소송이 아닌 무효확인의 소를 제기해야 할 것이며 이는 공법상 당사자소송73)으로서 행정소송임은 물론이다.74)

둘째, 實施協約 자체에 문제는 없으나 主務官廳 내지 사업시행자 일방이

---

71) 이에 대하여 實施協約이 民間投資法령에 어긋나게 締結되었더라도 그 사유만으로 당연히 사업시행자지정이나 그에 기한 實施協約이 무효가 되는 것은 아니며 民間投資法이 정한 절차의 공공성과 공정성이 현저히 침해될 정도로 하자가 중대하고 상대방이 이러한 사정을 알았거나 알 수 있었을 경우 그리고 민간투자법상의 처분이 선량한 풍속 기타 사회질서에 반하는 것이 명백한 경우에만 무효로 된다는 견해(황창용 외 3인 공저, 전게서, 18면)가 있다. 이 견해는 주장의 논거로서 국가를당사자로하는법률과 관련된 낙찰자결정 및 국가계약의 무효의 판단여부와 관련된 判例(대법원 2001. 12. 11.자 선고 2001다33604판결)를 근거로 들고 있다. 그러나 私見으로는 위 判例는 민사판례일 뿐만 아니라 行政處分의 위법성 판단과 공법상계약에서의 당사자소송에서의 하자판단의 法理가 다름을 간과하고 있다고 본다. 즉 조달계약에서의 민사법리의 주된 지배와 民間投資法의 實施協約이 行政契約의 性質을 가지고 있으므로 양자를 동일한 기준으로 원용할 수는 없다고 판단된다.
72) 문제는 "사업시행자가 實施協約을 締結할 때 시설사업에 반하는 내용을 알면서도 사업권을 얻기 위하여 이러한 소송을 하는 것이 '禁反言(estoppel)의 原則'에 반하지 않겠느냐" 하는 것이 소송상 항변으로 등장할 수도 있을 것이나 일응 시설사업기본계획의 구속력 등 공법관계에 비추어 신의칙항변이 쉽게 받아들여질 수는 없다고 보이며 이에 대한 판단은 사안에 따라서 구체적으로 판단해야 할 문제이다.
73) 2004. 9. 行政訴訟法 개정안에는 당사소송의 구체적인 소송형태를 예시하여 당사자소송의 활성화를 꾀하고 있다. 즉 개정안 제3조 행정소송의 종류에 '당사자소송'의 정의를 "행정상 손실보상, 행정행위 등의 위법으로 인한 손해배상, 부당이득반환, 그 밖의 공법상 법률관계에 관한 소송으로서 그 법률관계의 한쪽 당사자를 하는 소송"이라고 하고 있다.
74) 이는 이용자가 實施協約의 위법성을 이유로 취소소송을 하는 것과 별개의 문제이다. 왜냐하면 사업시행자는 實施協約의 당사자적 지위를 갖기 때문이다.

實施協約의 의무를 이행하지 않는 경우가 문제된다. 이 경우에는 채무불이행을 한 일방당사자를 상대로 하여 공법상 당사자 소송을 제기하여 義務履行을 訴求할 수 있다고 본다. 즉 實施協約에서 정한 계약서의 효력에 의하여 仲裁院에 提訴를 하든지 아니면 行政法院에 訴求를 할 수 있다. 즉 實施協約이라는 行政契約을 통한 履行請求權이 被保全權利로서 존재하므로 '行政訴訟法上의 當事者 訴訟을 통하여 履行의 訴'를 구할 수 있음은 당연하다. 다만 作爲義務를 구하는 경우의 이행소송이 대체적 작위의무냐 아니면 비대체적 작위의무냐의 문제는 집행단계의 문제라고 볼 것이다.

셋째, 主務官廳이 부당하게 사업시행자의 지위를 박탈하는 행위를 하는 경우이다. 實施協約을 締結하였으나 不當한 契約解止 등을 하거나 실시협약의 내용에 반하는 조치를 하는 경우에는 계약의 유효한 지위에 있다는 확인을 구할 法的 필요가 있다고 할 것이므로 확인이 이익이 인정된다고 볼 수 있어서 사업시행자로 선정된 지위에 대하여 "契約者地位存在確認請求訴訟"의 제기를 할 수 있을 것이다.[75]

---

75) 이와 관련하여 최근 서울행정법원에서 '실시협약에 기한 골프장운영권'의 법적 성질을 '특허'라고 판시하면서 이에 반하는 조례가 무효라고 판시하였다.

　본 판결은 서울올림픽기념국민체육진흥공단(원고)이 서울특별시장(피고)을 상대로 하여 원고가 2001. 7. 20.자 서울시와 난지도 제1 매립지에 생태대중골프장과 골프연습장을 포함한 관련 부대시설 및 주변의 시민이용공간을 조성하여 운영·관리하는 내용의 "난지도 노을공원 조성·운영에 관한 협약"을 체결하였는데 그 후 서울시가 서울특별시립체육시설설치및운영에관한조례를 개정하여 위 협약에 반하는 내용의 조례를 규정하였고 이에 대하여 무효확인을 구하는 소송이다.

　이 사건에서 재판부는 "서울시는 현재 원고로부터 이 사건 골프장의 기부채납을 이행 받지 아니한 상태이기 때문에 아직은 이 사건 골프장을 공유재산이라고 할 수 없으므로 그 소유권에 기하여 이 사건 골프장에 관하여 공용개시행위를 할 수 없다. 가사 기부채납의 이행이 이루어진 후라 하더라도 이 사건 협약에 의하여 적법하게 발생된 이 사건 골프장에 관한 원고의 독점적 사용·수익권이 소멸되지 않는 한 서울시는 이 사건 골프장에 관하여 공용개시행위를 할 수 없다. 이 사건 협약에 의하여 발생된 이 사건 골프장에 관한 원고의 독점적인 사용·수익의 권리가 유효하게 존속함에도 불구하고 서울시가 이 사건 골프장에 관하여 공용개시행위를 한다면 하나의 골프장에 관하여 양립될 수 없는 두 개의 사용·수익권이 존재하게 된다. 다시 말하여 서울시가 이 사건 골프장을 공공시설(공공용물)로 사용하겠다는 공용개시행위를 한다면 이는 서울시가 이 사건 골프장을 직접적으로 일반 공중의 이용에 제공함으로써 직접 사용·수익을 하겠다는 것을 의미하는 것이고, 이로써 이 사건 협약에 의하여 발생된 원고의 이 사건

계약자지위확인청구와 관련하여 實施協約締結 전에도 일정한 경우 계약자
지위확인청구를 공법상 당사자소송으로 청구하는 것을 상정할 수도 있을 것
이지만 현실적으로는 인용되기 어렵다고 본다. 왜냐하면 민간투자법에서 "實
施協約을 締結함으로써 사업시행자를 지정한다. 사업시행자로 지정된 자는
관계 법률의 규정에 의한 사업시행자로 본다."(民間投資法 제13조 제3항, 제
4항)고 규정하고 있기 때문에 협약서의 締結 전 단계에서 계약자지위확인청

골프장에 관한 독점적인 사용·수익권과 직접적으로 충돌하게 되며, 그 결과 원고의 권
리가 직접적으로 침해받게 되기 때문이다. 따라서 이 사건 골프장은 최종적으로는 공공
용물(공공시설)로 예정되어 있다 하더라도 이 사건 협약에 의한 이 사건 골프장에 관한
원고의 독점적인 사용·수익의 권리가 적법하게 소멸된 후에야 서울시는 이 사건 골프
장에 관하여 공용개시행위를 할 수 있고, 그 시점에서 이 사건 골프장은 공공용물로서
의 공공시설이 된다 할 것이다. 그 때부터 서울시는 비로소 서울시 자신이 이 사건 골
프장을 직접 일반 공중의 사용에 제공한 공공시설의 관리권자로서 지방자치법 제15조
나 제130조 또는 제135조 제2항에 기하여 일반 공중이 이 사건 골프장을 이용하는 경
우의 이용관계나 이 사건 골프장의 운영과 관련된 사항에 관하여 규율할 권한을 취득
하게 된다. 그 이전에는 서울시는 공유재산의 소유자로서 이 사건 협약에 따라 정하여
진 권한을 행사할 수 있을 뿐이다."라고 판시하였고 또한 "이 사건 골프장은 최종적으
로는 생활체육시설 등 공공시설로서의 사용이 예정되어 있는 시설이나 이 사건 골프장
의 조성을 위하여 비용을 지출한 원고로 하여금 그 비용을 회수하도록 하기 위하여 서
울시는 원고에게 지방재정법 시행령 제83조 제1항에 의하여 독점적인 사용·수익의 권
리를 설정하였고, 이와 같이 이 사건 골프장에 관한 독점적인 사용·수익의 권리가 원
고에게 설정됨으로써 서울시는 그 기간 동안 공공시설로서의 '용도에 직접 사용하지 아
니'하기로 하였다 할 것이다. 이로써 서울시는 그 기간 동안 이 사건 골프장이 공공시
설임을 전제로 하여 이 사건 골프장에 관하여 지방자치법 제15조나 제130조 또는 제
135조 제2항에 의하여 조례를 제정할 권한을 보유할 수 없게 되었다 할 것이다. 원고
는 이 사건 협약에 따라 이 사건 골프장에 관한 그 사용·수익의 권리가 소멸할 때까
지 등록체육시설업자로서 이 사건 골프장을 운영할 수 있고, 이러한 원고의 권리는 특
허의 성질을 갖는 권리라 할 것이며, 등록체육시설인 이 사건 골프장의 이용자와 원고
사이의 법률관계는 사법상의 관계라고 보아야 한다. 그럼에도 불구하고 서울시가 위 각
규정에 의한 조례제정권을 행사한다면 이는 위와 같은 원고의 권리를 직접적으로 침해
하는 것일 뿐만 아니라 이 사건 골프장의 이용자와 원고 사이의 사법상의 법률관계에
권한 없이 개입하는 것이 될 것이다. 서울시는 오직 공유재산의 소유자로서 이 사건 협
약에 근거하여 권한을 행사하여야 하는 것이다."라고 판시하였다(서울행정법원 2004.
11. 9.자 선고 2004구합19118 조례무효확인 判決).

실시협약에 기한 사업시행자의 권리를 특허이며 이를 침해하는 조례는 무효라고 판
시한 것은 타당하다. 다만 특허권을 행사하는 사업시행자의 골프장이용관계에 대하여
사용료에 대하여 실시협약으로 일방적으로 정해진다는 점에서 이를 이용하는 제3자와
의 관계를 무조건 사법상의 관계로 설시하고 있는 것은 의문이다.

구는 어렵다고 보이기 때문이다.[76]

이와 관련하여 行政契約이 잘 발달한 프랑스의 행정소송제도를 살펴볼 필요
가 있다. 즉 프랑스에서는 행정소송의 제도가 취소소송(le contentieux d'annulation)
특히 '越權訴訟'(recours pour excès de pourvoir)과 '完全審理訴訟'(contentieux
de pleine jurisdiction)으로 나누어지는데 앞에서 살펴본 '執行的 決定'(décision
exécutoire)은 월권소송의 대상이고, 行政契約은 完全審理訴訟의 대상이다.[77] 行政
契約의 경우 '行政契約의 效力'과 '債務不履行'에 관한 紛爭은 완전심리소송의 대
상이 되는 것이고, 行政契約의 締結과 집행을 위한 행정청의 제반 조치는 계약으로
부터 '分離되는 行爲'(acte détachable)로서 월권소송의 대상이다.[78]

우리나라 行政訴訟法 제도 하에서도 實施協約이라는 行政契約 자체가 하
자가 있다면 '契約無效確認의 訴'를 소구할 수 있고, 實施協約상의 의무를
불이행하면 '契約履行의 訴'를 구할 수 있다. 양자 모두 公法上 當事者訴訟
의 형식을 취한다. 이것은 우리나라와 프랑스 양자의 해석으로도 동일한 결
론이다.

문제는 實施協約 후의 기타 계약의 후속조치 내지 主務官廳의 사업시행자
에 대한 지시[79] 등이 문제되는데 이것은 主務官廳이 공행정권을 부여받은
사업시행자에게 實施協約에 근거하여 공법상의 법률관계를 원인으로 하여 개
별적 구체적 지시를 하는 것이므로 처분성의 인정여부와 상관없이 공법상 당

---

76) 참고로 대법원 2003. 2. 26. 선고 2002두10209 判決(원심 광주고등법원 2002.10.10. 선고
   2001누2187 판결)에서 건설회사가 행정관청과 민자참여계약을 맺은 여부가 문제된 사
   안에서 계약이 성립되었느냐가 문제된 사안이다. 이 사건은 행정소송으로서 당사자소송
   의 소송형태를 가지고 소송물도 계약자지위존재확인청구였다. 이 사건에서 법원은 당사
   자소송으로서 행정소송의 제기가 적법함을 전제를 한 후 당해 사안에서는 계약자의 지
   위가 인정되지 않는다고 판시하였다. 즉 이 사건에서는 행정소송으로서의 당사자 소송
   의 적격 자체를 인정한 것으로 보인다.
77) L.Neville Brown Obe / John S.Bell, French Administrative Law, Clarendon Press Oxford
   1993 fourth Edition, pp.168-169.
78) 프랑스에서 '분리되는 행위이론'은 Conseil d'etat에서 'C.E. 11. decembre 1903, Comm. de Gorre'
   判決 및 C.E. 4. août 1905, Martin' 判決에서 이미 인정되었다고 한다.; 朴正勳, 전게논
   문, 597면에서 재인용.
79) 私見으로는 프랑스법상의 '執行的 決定'과 유사하다고 판단된다.

사자소송으로 무효확인소송 내지 채무부존재확인의 소송을 제기할 수 있다고 판단된다.

나. 主務官廳 및 事業施行者와 利用者 등과의 關係

主務官廳과 장래에 민간투자시설물을 이용하게 될 시설이용자의 관계에 있어서 법적 분쟁형태의 특징은 위에서 언급한 것처럼 현실적인 이용료부과는 나중에 이루어지지만 고양시 벽제 및 일산 하수처리장 사업의 實施協約에서 살펴본 것처럼 實施協約의 내용에 의하여 바로 현실적인 잠재적 구속력을 가지게 되므로 이러한 경우에는 '예방적 금지소송'80)이 현행법상 인정되지 않기 때문에 결국 이용자에 대한 實施協約의 일반처분성을 긍정하여 '實施協約 無效確認 또는 取消訴訟'을 인정할 수 있느냐가 문제된다.

이와 관련하여 공공조합인 구 도시재개발법81)상 관리처분계획에 관한 判例가 이와 유사한 성질을 가진다. 대법원은 재개발에 있어서 관리처분계획의 성질에 관하여 "분양신청 후에 정하여진 관리처분계획의 내용에 관하여 다툼이 있는 경우에는 그 관리처분계획은 토지 등의 소유자에게 구체적이고 결정적인 영향을 미치는 것으로서 조합이 행한 처분에 해당하므로 항고소송에 의하여 관리처분계획 또는 그 내용인 분양거부처분 등의 취소를 구할 수 있다(대법원 1996.2.15.자 선고 94다31235 판결)"고 판시하여 관리처분계획자체에 대하여 무효 내지 취소소송이라는 行政訴訟法상의 항고소송을 인정하였다.

이를 인정하기 위해서는 實施協約의 처분성이 인정되어야 하는데 다시 말하면 實施協約의 내용이 이용자 내지 이해관계자에게 직접적인 영향을 미치는 내용을 가지고 있느냐가 문제된다. 앞에서 實施協約의 내용 및 특징에서 살펴

---

80) 2004. 9. 行政訴訟法 개정안을 마련하였는데 동개전안에는 항고소송의 종류에 '예방적 금지소송'을 신설하는 것을 내용으로 하고 있다. 이 안의 내용은 행정청이 일정한 행정행위를 할 것이 임박한 경우, 그 행정행위의 금지를 구할 법적으로 정당한 이익이 있는 자가 사후에 그 행정행위의 효력을 다투는 것으로 회복하기 어려운 손해를 입을 우려가 있을 때 그 행정행위를 금지를 구하는 소송으로 정의하고 있다.

81) 도시재개발법은 현재 폐지되고 도시및주거환경정비법(법률 제6852호 2002. 12. 30.자 제정)으로 재건축사업 등과 통합되어 2003. 7. 1.자부터 시행되고 있다.

본 것처럼 통상적으로 통상 實施協約에서 최초 이용료를 결정하고 인상폭도 규정하고 있는 것이 일반적이다. 또한 民間投資法上 부대사업실시권을 인정하는 경우에는 사업구역내의 건물 등 소유자들에 대한 수용 등 공법적인 권리관계의 변동을 가져오는 이해관계가 필수적으로 동반되므로 이는 긍정된다고 본다.

따라서 도시재개발법상의 관리처분의 직접적인 처분성을 인정하는 것처럼 이용자의 경우 민간투자법상 實施協約은 '일반처분'의 성질을 가지므로 따라서 이용자에 대한 實施協約의 직접적 처분성이 인정된다고 판단된다. 따라서 이용자는 실시협약을 대상으로 하여 항고소송으로서 무효확인 내지 취소소송을 제기할 수 있다고 본다.

이와 더불어 피고적격이 문제되는데 實施協約의 체결당사자가 主務官廳과 사업시행자이고 또한 양자 모두 실시협약이라는 일반처분의 당사자이므로 이는 현행 行政訴訟法 제15조의 '공동소송' 요건 즉 수인의 청구 또는 수인에 대한 청구가 처분 등의 취소청구와 관련되는 청구로 보이며 또한 어느 하나의 피고만을 대상으로 한 경우에 이에 대한 취소판결의 기판력이 문제되기 때문이다.

현행 行政訴訟法은 "취소판결 등의 確定判決에 제3자에 대한 효력이 있다"고 규정82)하고 있고, 또한 主務官廳 및 사업시행자는 實施協約의 당사자이고 제3자가 아니므로 羈束力으로서가 아닌 취소판결의 실질적 확정력으로서의 기판력을 받는 관계에 있다. 따라서 시설물의 잠재적 이용자는 主務官廳 및 사업시행자 모두를 대상으로 하여 '必須的 共同訴訟'을 제기하는 것이 논리적인 면에서는 타당하다. 그러나 민간투자시설물을 이용하는 국민의 권리를 보호한다는 측면에서 '必須的 共同訴訟'이라는 명문의 규정이 없는 이상 불리하게 해석할 이유는 없으므로 주무관청 내지 사업시행자 어느 일방만을 상대로

---

82) 취소판결의 효력과 관련하여 현행 行政訴訟法 제29조 (취소判決 등의 효력) "①처분 등을 취소하는 확정판결은 제3자에 대하여도 효력이 있다."고 규정하고 있고, 제30조 (취소판결 등의 기속력) "① 처분 등을 취소하는 확정판결은 그 사건에 관하여 당사자인 행정청과 그 밖의 관계행정청을 기속한다."고 규정하고 있다.

제소하는 경우에도 소의 제기는 적법하며 따라서 主務官廳 또는 사업시행자가 소송참가를 하지 않더라도 판결의 효력이 미친다고 보아야 할 것이다.

위와 같이 實施協約의 이용자에 대한 일반처분적인 성격을 인정하여 직접적인 취소소송을 인정하더라도 實施協約 締結 후 사업시설의 준공 후 사업시행자의 관리운영권에 의하여 利用者에게 이용료를 부과하는 분은 구체적·개별적인 행정작용이므로 처분성을 인정하여 "使用料賦課處分取消訴訟"을 제기할 수 있다고 볼 것이다. 使用料賦課處分取消訴訟의 경우 피고적격은 사업시행자만 해당되며 實施協約을 締結한 主務官廳은 소송참가를 하는 參加人適格이 있다고 본다.

第 5 章
結　論

現在 全世界에서 各國들이 BOT, PFI, PPP라고 불리는 民間投資方式을 도입하여 자기 나라의 民間資本뿐만 아니라 세계의 民間資本 誘致를 통한 社會間接資本施設을 建設하고 있고 이것은 세계적인 추세이다. 우리나라의 경우에도 民間投資制度를 이미 십수 년을 운영하고 있고 또한 法制度의 內容上으로도 强制徵收權, 收用權 및 附帶事業施行權 等 國民들에 대한 强制的 權力作用이 있음에도 불구하고 우리나라 現行 民間投資制度에 대한 法的 性質 및 民間投資制度의 當事者들 사이의 法的 紛爭에 대하여 전혀 理論的으로 定立이 되지 아니한 상황이다. 더욱이 民間投資制度를 담당하고 있는 實務의 많은 견해는 '實施協約'이 '私法上 契約'이라는 見解가 다수인 실정이고 이에 따라 民事契約理論으로만 해석하는 경향에 있다. 최근 協商對象者指定行爲取消處分取消訴訟 事件에서 實施協約의 法的 性質을 公法上 契約이라고 설시한 서울高等法院 判決이 나온 후에야 새롭게 인식을 하는 상황에 불과한 정도이다.

이와 같은 상황 속에서 "公共施設에 民間投資法制"라는 主題를 가지고 現行 民間投資制度에 대하여 法的 爭點을 民間投資事業의 시행단계에 맞추어 民間投資法의 法的 性格, 優先協商者 指定行爲의 法的 性質, '實施協約' 및 事業施行者의 法的 性格에 대하여 理論的으로 논의해보았다. 특히 民間投資制度의 法的 性格과 관련하여 公役務 遂行에 관하여 '行政契約'이 잘 발달된

프랑스의 公共서비스特許契約, 政府工事契約을 중심으로, 獨逸의 民間投資모
형, 美國의 政府契約 등에 대하여 살펴보면서 '民間投資制度'와 '民間投資契
約'의 法的 性質을 정립해 보았다.

이상의 논의에서 필자는 우리나라 現行 '民間投資制度'의 法的 概念은
"給付行政에 관련된 公的管理行政의 領域에 있어서 民間이 公行政主體와의
協力하에 자신이 財政的으로 全部 또는 一部를 投資하여 社會基盤施設 및
公共施設을 자신의 技術로 建設하고 一定 限度의 收益을 保障받는 상태에
서 建設한 施設物을 公衆에 提供하고 이를 利用하는 利用者로부터 使用料
를 强制로 徵收할 수 있는 管理利用權이나 使用權을 特許받는 것을 內容으
로 하는 특수한 '行政契約'인 實施協約을 본질로 하는 特殊한 公法制度"라
고 정의한다.

또한 필자는 이와 같은 민간투자제도의 정의에서부터 事業施行者의 地位
와 權利義務를 총괄하는 '實施協約'의 法的 性質과 構造를 행정관청 및 事業
施行者 그리고 시설물의 利用者라는 "三面的 行政作用關係"에 있어서 "二重處
分的 行政契約"(contrat administratif avec deux actes administratifs unilaterals, Der
Verwaltungsvertrag mit Doppelverwaltungsakt)으로 명명하고자 한다.

또한 민간투자제도의 당사자들 사이의 분쟁 즉 主務官廳과 事業施行者 사
이에서는 實施協約이 違法한 경우에는 公法上 當事者訴訟으로서 契約無效

確認의 訴를 제기하고, 實施協約상의 債務不履行을 하는 경우 행정계약상의 移行請求權을 被保全權利로 하여 '行政訴訟法上의 當事者 訴訟을 통하여 履行의 訴'를 제기할 수 있으며, 事業施行者로 선정된 地位에 대하여 "契約者 地位存在確認請求訴訟"을 청구할 수 있고, 主務官廳 및 事業施行者와 利用者 사이의 관계에서 이용자는 實施協約의 일반처분성이 긍정되므로 主務官廳 또는 事業施行者 어느 일방을 상대로 하여 '實施協約 無效確認 또는 取消訴訟'을 제기할 수 있으며 또한 事業施行者의 管理運營權 행사에 기한 利用者에 대한 使用料징수행위의 處分性을 긍정하여 事業施行者만을 상대로 '使用料賦課處分取消訴訟'을 제기하고 實施協約을 締結한 主務官廳은 소송 참가를 하는 방법의 法的 紛爭 해결형식을 갖는다고 보아야 한다.

現在 政府에서는 民間投資法의 개정 등을 통하여 新뉴딜政策 등을 시행 하려고 하고 있고 또한 최근에 국회에서 통과된 기업도시법도 도시개발법과 民間投資制度의 結合形態로 보인다. 이에 발맞추어 이 연구에서 고찰된 民間投資制度의 본질과 現行 民間投資法의 法的 性格, 그리고 실시협약구조의 解釋에 따른 紛爭構造를 활용하여 민간투자제도의 법적 분쟁을 올바르게 해 결하고 또한 민간투자법을 발전시킨 복합된 형태의 기업도시법과 같은 특별 법의 법적 성질 및 작용의 형태를 분석 하는 데 도움이 될 것이라고 믿는다.

〈參考文獻〉

國內文獻

〈單行本〉

김도창, 일반 행정법론(상) 제4전정판, 청운사, 1992.
김동희, 행정법 I 제6판, 박영사.
김철용, 행정법 II, 박영사, 2001.
박연호／박균성 공역, 프랑스행정의 이해, 박영사, 1997.
석종현, 일반행정법 (상) 제10판, 삼영사, 2003.
석종현, 일반행정법 (하) 제8판, 삼영사, 2001.
이광윤, 행정법이론－비교적고찰－, 성균관대학교출판부, 2000.
이광윤, 행정법강의 I 제1판, 법문사, 2004.
이광윤／김민호／강현호 공저, 행정작용법론, 법문사, 2002.

〈論 文〉

곽노성, 민간투자사업 실시협약 협상의 구조적 특성과 효율적 협상방법, 협상연구
    제9권 제1호 2003년 6월.
    기획예산처, SOC 민간투자제도 발전방안 연구, 2002. 12.
김동건, 교육재원확충을 위한 민간투자재원유치방안, 서울대학교 행정대학원 한국행
    정연구소, 행정논총, 25권, 2호, 1987. 1.
김동희, 프랑스 행정법상의 행정계약에 관한 고찰, 서울대학교 법학연구소 법학 32
    권 3・4호(87・88호).
금성수, 사회간접자본시설에 대한 민간자본유치와 공법적 제문제, 고시계 39권7호
    (449호) 국가고시학회, 1994. 6.
김현, 협상시 고려상황 및 실시협약안 작성방법, 2004. 비간행논문
모성은, "지방의 민자사업활성화 전략" 「지방지치」현대사회연구소, 2000. 12.

박정훈, 행정조달계약의 법적 성격, 민사판례연구〔XXV〕, 박영사, 2003.
변해철, 정부계약에 관한 연구-프랑스의 공공조달계약법제를 중심으로-, 공법연구 제23집 제3호, 1995.
박해식, 한국증권업협회가 한 협회등록취소결정의 법적 성격, 법조 제546권, 2002. 3.
석종현, 현대국가의 기능변천에 따른 헌법과 행정법, 한국토지공법학회 토지공법연구 제4집, 1997. 2.
송병록외 5인, 민자사업추진의 효율성 · 투명성 제고를 위한 업무수행지침 작성연구, 국토연구원민간투자지원센터, 2004. 2.
신보성, 사인에의 행정권한 위임의 법적 고찰, 법조, 2000. 7.
안도걸, SOC 민간투자제도 개선, 기획예산처 나라경제, 2003. 6.
안영환, 민간투자법상 협상대상자의 법적 지위, 미공간논문, 2004. 11.
이규방 외 4인 공저, 인프라 민간투자사업의 표준실시협약(안) 지침수립 연구.
이원우, 정부기능의 민영화를 위한 법적 수단에 대한 고찰-사인에 의한 공행정의 법적 수단에 대한 체계적 연구, 행정법연구 3호 (1998. 하반기) 1998. 10.
하헌구 · 모창환, SOC 민간투자사업의 위험배분 및 관리방안에 관한 연구, 교통개발연구원, 2002. 11.
홍성필, 민간투자사업을 위한 법적 검토, 법제, 2002년 2월.
홍성필, 사인의 경찰작용에 관한 연구, 성균관대학교 박사학위청구논문, 2002. 12.
황창용 · 홍성필 · 정민웅 · 권용훈, 사회간접자본시설에대한민간투자법과 관련법률의 체계에 관한 연구, 국토연구원, 2004. 12.
황학천, 민간투자사업과 국가계약법과의 관계, 미공간논문, 2004.

國外文獻

〈佛蘭西〉

A. de Laubadère, Traité de Droit Administratif Tome 1, 14e éd., Paris L.G.D.J., 1996.

Charles Debbasch, Institutions et droit administratif, T.1., P.U.F., 1982,

F. P. Bénoit, Le Droit Administratif Français, 3e éd., Paris Libraire Dalloz, 1968.

Joseph Fravreau-Renault, Marc et Marion Vettrains, Vocabulaire administratif et juridique, Hatier, 1981. paris.

M. Waline, Précis de droit administratif, Paris Editions Montchrestien, 1969.

René Chapus, Droit administratif général T.1, Montchréstien, 1999.

SEFI, POUR UN NOUVEAU PARTENARIAT PUBLIC-PRIVÉ DANS LES INFRASTRUCTURES ET ÉQUIPEMENTS PUBLICS, LES ENTREPRENEURS FRANÇAIS INTERNATIONAUX, Novembre 2001.

〈獨　逸〉

B. Drews / G. Wacke / K. Vogel / W. Martens, Gefahrenabwehr, 9. Aufl., 1986.

Gusy Christoph, Rechtsgüterschutz als Staatsaufgabe-Verfassungsfragen der 'Staatsaufgabe Sicherheit', DÖV 1996.

Forsthoff Ernst, Lehrbuch des Verwaltungsrechts, Bd. I, 10 Aufl., 1973.

Kaufmann Erich, Verwaltung, Verwaltungsrecht, in ders., Autoriät und Freiheit, Gesammelte Schriften, Bd. 1, 1960.

Wolff Hans J. / Bachof Otto, Verwaltungsrecht II, Aufl., 5, 1987.

Wolff Hans J./Bachof Otto/Stober, Verwaltungsrecht I., 10. Auf. 1995.

Hans Peters/Fritz Ossenbühl, Die Übertragung von öffentlich-rechtlichen Befugnissen auf die Sozialpartner unter besonderer Berücksichtigung des Arbeitsschutzes, 1967.

Rengeling Hans-Werner, Erfüllung staatlicher Aufgaben durch Private, 1986.

Bauer Harmut, Privatisierung von Verwaltungsaufgaben, VVDStRL 54(1995).

Maurer Hartmut, AllgemeinesVerwaltungsrecht, 12. Auflage. 1999.

Lecheler Helmut, Grenzen für den Abbau von Staatleistungen-Eine Untersuchung zu Art. 87 Abs. 1 und 33 Abs. 4 GG, 1989.

H. R. Kurz/R. Naumann(Hrsg.), Staatsbürger und Staatsgewalt, Bd. Ⅱ, 1963.

Jan Ziekow (Hrsg.), Forschungsinstitut für öffentliche Verwaltung, PUBLIC PRIVATE PARTNERSHIP-Projekte, Probleme, Perspektiven-in Zusammenarbeit mit dem Bundesministerium des Inner und der Initiative D 21., Dokumentation des Workshops "Public Private Partnership" im Bundesministerium für Wirtschaft am 16. und 17. Oktober 2001 in Berlin, C bei der deutschen Hochschule für Verwaltungswissenschaften speyer, 2003.

Terrahe Jügen, Die Beleihung als Rechtsinstitut der Staatsorganisation, 1961.

Stern Klaus, Das Staatsrecht der Budesrepublik Deutschland, Bd. I, 2. Aufl., 1984.

Mennacher, Begriffsmerkmale und Rechtsstellung der mit öffentlicher Gewalt beliehenen Hoheitsträger des Privatrechts, 1963.

Michaelis Rüdiger, Der Beliehene-Ein Beitrag zur Verflechtung von öffentlichem und privatem Recht, 1969.

Mayer Otto, Deutches Verwaltungsrecht, Bd. II, 3. Aufl., 1923.

Kirchhof Paul, Der Begriff der hoheitsrechtlichen Befugnisse in Artikel 33 Absatz 4 des Grundgesetzes, 1968.

Rupert Scholz, Verkehrsüberwachung durch Private, NJW 1997.

Michaelis Rüdiger, Der Beliehene-Ein Beitrag zur Verflechtung von öffentlichem und privatem Recht, 1969.

Steiner Udo, Allgemeines Verwaltungsrecht, 12. Auflage. 1999.

Steiner Udo, Öffentliche Verwaltung durch Private, DÖV, 1970.

Jellinek Walter, Verwaltungsrecht, 3. Aufl., 1931.

Wolfgang Siebert, Rechtsstellung und Haftung der Technischen Überwachungsvereine im Kraftfahrzeugprüfungswesen, 1957.

〈美國, 英國〉

Akintola Akintoye, Matthias Beck & Cliff Hardcastle, Public-Private Partnerships-Managing risks and opportunities, Blackwell Science Ltd, 2003. 2.

Commission of the European Communities Brussels, 30. 4. 2004. COM (2004) 327 final. "Green Paper on Public-Private Partnerships and Community Law on Public Contracts and Concessions (presented by the Commission)".

Donahue, John D, The Privatization decision: public ends, private means, A Member of the Perseus Books Group, 1989.

Street, Harry, Governmental Liability-A comparative Study, Archon Books, 1975.

Interpretive Communication of the Commission on concessions in Community law, OJC 121, 29 April 2000.

L.Neville Brown Obe/John S.Bell, French Administrative Law, Clarendon Press Oxford, 1993, fourth Edition.

Multilateral centre for private sector development istanbul. 4. 6. 2004. COM (2004) 327 final. "Basic Elements of a Law on Concession Agreements".

Osborne Stephen P, Public-Private Policy Partnerships-Theory and practice in international perspective, Routledge 11 New Fetter

Lane, London, 2000.

Robert C. Ellickson, Of Coase and Cattle: Dispute Resolution Among Neighbors in Shasta County, 38 STAN. L. REV. 623 (1986); Thatcher v. Tennessee Gas Transmission Co., 180 F.2d 644 (5th Cir. 1950).

Rosenau Pauline Vaillancourt, Public-Private Policy Partnerships, The MIT Press Cambridge, Massachusetts London, England, 2000.

Sir William Wade, Christopher Forsyth, Administrative Law, 8th Edition, Oxford University Press.

Stainback John, Public / Private Finance and Development-Methodology Deal Structuring Developer Solicitation, John wiley & Sons, Inc., 2000.

L. REV. 623 (1986); Thatcher v. Tennessee Gas Transmission Co., 180 F.2d 644 (5th Cir. 1950).

〈日 本〉

角松生史, 民間化の法律學－西 ドイツの Privatisierung論を素材 として－, 國家 第102卷, 1989.

兼子仁 / 磯部 力 / 小早川光郎 編譯, フランス 行政法, 東京大學出版會, 1982.

米丸恒治, 私人による行政－その法的統制の比較研究, 日本論評社, 1999.

舟田正之, 公共的事業に關する「民活」・「規制緩和 / 行政法の諸問題: 雄川一郎先生 獻呈論集 上 (90.04), 有斐閣, 1990.

毛利信二, 東京灣橫斷道路の建設に關する特別措置法－民活導入・その手法と課題, ジュリスト 865號(1986. 7.), 有斐閣, 1986.

江口直明, 待ちに待った最高裁判例: プロジェクト・ファイナンス, PFI, MBO ファイナンス, 債權讓渡擔保の實務に朗報. / 銀行法務21 46卷 1號 （599號） (2002.01.), 經濟法令研究會, 2002.

猪野積, "地方公共團體におけるPFI 事業の現狀と課題", 自治研究 80卷 3號(通卷 961號), 良書普及會編.

小泉伸洋, 地域金融機關のPFIへの取組み: 意義, 關與のあり方, 實務的諸問題. / 金

融法務事情 1693號（2003. 12.）.

山下明男, PFI金融・法務プラットフォーム協議會中間報告書の概要. / 金融法務事情 1693號（2003. 12.）, 金融財政事情研究所, 2003.

赤羽　貴・高橋玲路, PFI事業契約の今日的問題点 / 金融法務事情　1693號　（2003. 12.）, 金融財政事情研究所, 2003.

前田博, PFIと契約主義 / 金融・商事判例　No.1132　（2002.01）, 經濟法令研究會, 2002.

美原　融, PFIの金融・法務的實踐はどうあるべきか：現狀はまた將來は / 金融法務事情 1693號（2003. 12.）, 金融財政事情研究所, 2003.

江口直明, 　PFIへの取組みのススメ, 　プロジェクト・ファイナンスの地方銀行にとってのメリットと注意点. （下） / 銀行法務21　46卷　6號（604號）（2002. 5.）, 經濟法令研究會, 2002.

ABSTRACT

A study on the act on public-private partnership

Yun, Sung Cheul
Major in Public Law
Graduate School of
SungKyunKwan University

The early administration was an authoritative one and the main interest in administrative law was on how to protect people from violation of their interests. Since World War II, administrative operation took the form of private law. The most prominent of such operation was administration of payment(*Leistungsverwaltung*). The administrative operation of a state carried out in the interest of people's survival such as provision of power, water, and gas is not considered an authoritarian action in the conventional sense, but as an action to realize public interest, is subject to the principle of public law.

From such historic point of view, 'public-private partnership; PPP' ('*partenariat public-privé; PPP*)' can be regarded as the participation of the private sector in administration of payment. Through such private investment policy, social overhead capital (SOC) and other infrastructure are not provided by the state or local municipalities, but rather, through private capital inducement, public services are provided utilizing private sector's efficiency and economic competitiveness to fuel the nation's economy. Private investment in a contemporary sense has been coined 'PFI(private finance initiative)'in Great Britain leading to the provision of educational, medical, and transportation facilities in the 90's.

Many projects have been implemented through private investment in the Build-Operate-Transfer, or BOT scheme many of them being infrastructure and other public facilities.

The U.K. embarked on standardizing public-private partnership (PPP) in 2004 and completed the HM Treasury Standardization of PFI Contracts version 3, which is in use now. Another case in European Union is the Green Paper on Public-Private Partnerships and Community Law on Public Contracts and Concessions where Article 43 through 49 of the EU Community Convention defines the private investment schemes. The OECD has published a report on the basic elements of a law on concession agreements: the concession agreement, selection of the concessionaire, validity, and the contents of the concession agreement. France follows its administrative ordinance(*présentation de l'ordonnance au conseil des ministres du 16 juin 2004*), Japan has the Act on PFI (民間資金等の活用による公共施設等の整備等の促進に關する法律'), and U.S.A. as part of privatizing its administrative service, is utilizing private investment policy through private delegation to improve its social sector such as building public schools, establishing welfare and employment programs, and incorporating inner city development plan.

Korea enacted 'the Promotional Act on Private Capital Inducement in Infrastructure' in 1994 in an effort to stimulate national economy and improve administrative services. As a follow-up from the 94 Act, 'the Act on Private Participation in Infrastructure (Act on PPI)' was enacted in December 1998.

Under the current scheme of the Act on PPI, the government induces private capital and encourages the private sector to develop projects. 'Management and operation rights' are given to the concessionaire in order for them to charge user's fee to the users of the facility. Under this scheme, we can define Korea's private investment policy by saying that private cooperation is an essential element in public-private partnership, or

PPP, where it allows a private individual to participate financially in the construction and installment of infrastructure and public facilities and provide technological expertise to complete its construction. Through 'the concession agreement'(*contrats de partenariats*) made between the public and the private sector, the policy depends on the special administrative contract(*contrat administratif*) that the concessionaire can charge user's fee(*redevance*) in a monopolistic way by exercising his management and operation rights. Important to note is that the private investment policy takes on the integrated characteristics of an administrative contract that includes the elements of 'concession contract'(*contrat de concession de service public*) and 'government contract'(*travaux publics*) seen in France. In addition, private investment contract carries on the characteristics of administrative contract in France, i.e., it is said to have the privilege in contraction and performance of a contract.

In Germany, private investment policy is distinguished from 'mere delegation of administrative authority'(*Beleihung*). Private investment projects are operated under concessional model(*Konzessionmodell*) or operator model(*Betreibermodell*). The government contract of U.S.A. is controlled under the Federal Acquisition Regulations, or FAR, however, FAR defines termination for convenience clause and changes clause, differentiating it from the general civil contract.

The Act on PPI in Korea begins from the establishment of administrative plan. Under the Act on PPI, the government and the selected concessionaire sign 'a concession agreement', which is a contract of partnership. The concessionaire expropriates the land to begin his implementation of the project. Once the public facility construction is completed users are charged a fee when using the facilities. Thus, the Act on PPI carries legal bearings of public law. The Act on PPI is unique for many of its clauses: preference application clause, concessionaire fiction clause, and property rights fiction of the right of management and operation clause.

There are two types of private investment projects: government-solicited and unsolicited. A preferred bidder is selected for negotiation and this can be considered as having administrative disposition with double effect(*Verwaltungsakt mit Doppelwirkung*). Accordingly, with regard to disposition for designation of negotiation subject and disposition for revocation of disposition for designation, 'revocation litigation' in administrative litigation act can be claimed as well for the damages in unlawful injury.

The concession agreement that is signed by the competent authority and the private sector is viewed contract of public law(*öffentlich-rechtlicher Vertrag*). Once a concession agreement is signed, the preferred bidder becomes the concessionaire. The concessionaire is 'a private corporate body' but in the scope of its activities it provides 'public service' and exercises the right of management and operation on public facilities taking on the characteristics of a public enterprise(*entreprise publique*).

The concessionaire gains double status of a party to the concession agreement and at the same time is the main body of public administration. As the latter, the concessionaire holds the right of management and operation and in time will also receive the right of execution of supplementary project.

In terms of the structure and legal nature of concession agreements, the contract carries 'a dual effect' because when the private sector enters into an agreement with the competent authority, the private sector is also designated the concessionaire. Through the act of public law, which is the conclusion of the concession agreement, the contract of public law and the administrative disposition of concessionaire selection take place simultaneously giving a dual effect. The effect of concessionaire designation is the same act individual(*'acte individuel'*) of the French law.

Additionally, concession agreement has the effect of a concession contract, which means, first, when the competent authorities and the concessionaire enters into this agreement the legal effect of designating the concessionaire becomes valid enabling the concessionaire to possess the rights to accept, manage and operate, and execute a supplementary project. Second, within the scope of the content of the concession agreement, the concessionaire with the management and operation rights can enforce the users to abide by the demands such rights, thus giving it the effect of general order(*Allgemeinverfügung*).

Such effects of the concession agreement, in terms of trihedral relationship of administrative working, can be defined as 'an administrative contract with double dispositional effect of unilateral administration'(*un contrat administratif avec deux actes administratifs unilaterals*)(*Der Verwaltungsvertrag mit Doppel-verwaltungsakt*).

In the case of settling dispute between the parties to the private investment project, when the concession agreement between the competent authority and the concessionaire had been breached, 'the litigation party in public law' can file 'litigation for affirmation of contract's nullity'. When duties under the agreement are not implemented, 'the right of demand for performance' becomes 'the preserved right' and petition for performance through 'party litigation of administrative litigation act' can be filed. In regard to the concessionaire's status, 'litigation for affirmation of existence of contractor's status' can be filed. In the relationship between the user and the parties to the agreement, which are the competent authority and the concessionaire, the general order effect of the agreement is acknowledged thereby allowing the user to file 'litigation for affirmation of nullity or revocation of execution agreement' against either the competent authority or the concessionaire. In addition, when the concessionaire had exercised the right of management and operation to charge user's fee, the user can file 'litigation against the concessionaire for revocation of disposition for being charged user's fee'. The competent authority that was a party to the concession agreement can be viewed to have the formal solution of legal dispute by way of 'intervenient participation in lawsuit'.

저자약력

윤 성 철(尹成喆)

성일고등학교 졸업
서울교육대학교 졸업
성균관대학교 법학과 졸업
성균관대학교 대학원 법학과 졸업(법학석사)
성균관대학교 대학원 법학과 박사과정수료(행정법전공)
사법시험 제40회 합격
사법연수원 제30기 수료
현 법무법인 유일 변호사
현 대한교육법학회 재무이사
현 경제법학회 회원
현 교육인적자원부 고문변호사
현 한국교원단체총연합회 법률상임고문

[저서 및 논문]

「재개발재건축의 쟁송형태에 관한 연구」
「국가책임법제의 개선방안에 관한 연구」(석사학위논문)
『최신행정판례평석』(공저) 삼영사, 2001
『도시재건축의 법적쟁점』(이론과 실무), 육법사 2002

민간투자법제 연구
-실시협약의 법적 성질 및 쟁송을 중심으로-

• 초판 인쇄	2006년 11월 15일
• 초판 발행	2006년 11월 15일
• 지 은 이	윤성철
• 펴 낸 이	채종준
• 펴 낸 곳	한국학술정보㈜
	경기도 파주시 교하읍 문발리 526-2
	파주출판문화정보산업단지
	전화 031) 908-3181(대표) · 팩스 031) 908-3189
	홈페이지 http://www.kstudy.com
	e-mail(출판사업팀사업부) publish@kstudy.com
• 등 록	제일산-115호(2000. 6. 19)
• 가 격	23,000원

ISBN   89-534-5956-7 93360 (Paper Book)
       89-534-5957-5 98360 (e-Book)